FinanzBuch Verlag
Die Tricks der Floor-Trader

Die Tricks der
Floor-Trader

Trading-Techniken
von Insidern für
Nicht-Floor-Trader

Neal T. Weintraub

Deutsche Übersetzung:
Uwe E. Schirm

© Copyright 1996, Richard D. Irwin, a Times Mirror Higher
Education Group, Inc. Company

Alle Rechte vorbehalten
Originalausgabenummer: ISBN 1-55738-913-6

Copyright-Hinweis

Die vollständige oder teilweise Reproduktion des vorliegenden Buches und seines Inhalts durch Fotokopien, Faxübermittlung, Scanning und andere Verfahren stellt eine Verletzung des bundesstaatlichen Copyright-Gesetzes dar. Der Copyright Act (US-Copyright-Gesetz) sieht bei Verstößen gegen das Copyright-Recht Strafen von bis zu $ 100.000 für jede Zuwiderhandlung vor. Hinweise auf unzulässige Vervielfältigungen werden dankend entgegengenommen.

Dieses Buch will keine spezifischen Anlage-Empfehlungen geben und enthält lediglich allgemeine Hinweise. Autoren, Herausgeber und die zitierten Quellen haften nicht für etwaige Verluste aufgrund der Umsetzung ihrer Gedanken und Ideen.

Die Deutsche Bibliothek - CIP - Einheitsaufnahme
Weintraub, Neal T.:
Die Tricks der Floor-Trader: Insider-Trading-Techniken für Nicht-Floor-Trader / Neal T. Weintraub. Dt. Übers.: Uwe E. Schirm. - München: FinanzBuch Verlag, 1996
Einheitssacht.: Tricks of the Floor Trader ‹ dt. ›
ISBN 3-932114-02-7

2. Auflage April 1998
Copyright © by
FinanzBuchVerlag,
Candidplatz 13, 81543 München
Tel. 0 89/65 20 48, Fax 0 89/65 20 96

Umschlaggestaltung, Layout und Satz: Manuela Bauernfeind

Dieses Buch widme ich meinen Eltern
deren Eltern und meinem Bruder Philip
und meiner Schwester Lynn.

Inhaltsverzeichnis

20	Vorwort
23	Danksagung
26	Einführung

32 TEIL 1
Tricks

33 — **Trick 1**
Vermeiden Sie Market-Orders

34 — **Trick 2**
Wenn es dreimal klopft

38 — **Trick 3**
Taktik bei wichtigen Berichten für Daytrader

40 — **Trick 4**
Wenn die Bonds am Tagestief schließen

40 — **Trick 5**
Der Bumerang bei der Eröffnungsphase

41 — **Trick 6**
Wie man die Stops der Börsenbriefe anwendet

43	**Trick 7**
Bei Stärke kaufen und bei Schwäche verkaufen
45	**Trick 8**
Spread-Taktiken
48	**Trick 9**
Von Jahresanfang bis heute
49	**Trick 10**
Spread-Trader wissen, worauf sie achten müssen
53	**Trick 11**
Die Guten ins Töpfchen, die Schlechten ins Kröpfchen
54	**Trick 12**
Kaufen Sie „Springer" und verkaufen Sie „Kriecher"
54	**Trick 13**
%K Daytrade
55	**Trick 14**
Falsche Kursausbrüche sind ausgezeichnete Trades
56	**Trick 15**
Point and Figure Charts ... Bewährtes bei Daytrades
58	**Trick 16**
Die beste Money Management-Technik für das Daytrading

59	**Trick 17** *Neals Trick der Trendbestimmung - (Was Floor-Trader machen)*
60	**Trick 18** *Trend-Taktiken 3x1 und 7x5*
62	**Trick 19** *Weintraub Daytrade Trick*
65	**Trick 20** *Trader haben ihren eigenen Börsenbrief*
67	**Trick 21** *Wie ein Vampir an einem Baby*
68	**Trick 22** *Commodities Limit Down*
69	**Trick 23** *Is' was, Doc? - Oder: Lassen Sie sich von Prozenten nicht irreführen*
70	**Trick 24** *Was wünschen Sie?*
73	**Trick 25** *Kein Vorteil, kein Handel*
74	**Trick 26** *Wenn der Floor unter Preis verkauft*

| 74 | **Trick 27**
Bevor Sie nach Süden schauen, blicken Sie gen Norden |

| 76 | **Trick 28**
Die 90/10 Strategie |

| 77 | **Trick 29**
Und die 80/20 Strategie |

| 77 | **Trick 30**
Wenig Wissen hilft viel ... wenn es zur rechten Zeit kommt |

| 79 | **Trick 31**
Geheimnisse bei Optionen? ... Wohl kaum |

| 80 | **Trick 32**
Zwei sind besser als eine |

| 81 | # TEIL 2
Tips |

| 82 | **Tip 1**
Verwenden Sie Stops, um bei fallenden Kursen dabeizusein |

| 86 | **Tip 2**
Sich kreuzende gleitende Durchschnitte |

Tip 3 — 88
Die Taktik des First Notice Day

Tip 4 — 89
Erst Aufwärtsbewegung, dann Kursrückgang - Adams Einstiegstechnik

Tip 5 — 94
Gegen den Regierungsbericht handeln

Tip 6 — 98
Meinungsmacher „Packen Sie das Glück beim Schopf"

Tip 7 — 101
Sind wir „Limit Up"?

Tip 8 — 101
Söldner des Vormittags

Tip 9 — 102
Der Commitment of Traders-Bericht - Ihre Steuergelder bei der Arbeit

Tip 10 — 104
Der S&P lügt nicht

Tip 11 — 104
Antworten Sie nicht auf ein falsches Gebot

Tip 12 — 105
Der Tip für den Dienstag

105	**Tip 13** Reagieren Sie nicht bei Treasury-Auktionen
106	**Tip 14** Wenn Währungen über Nacht ein Gap erzeugen
106	**Tip 15** Glauben Sie nicht zu schnell Gerüchten
107	**Tip 16** Den Widerstand messen
108	**Tip 17** Die Strategie der Haltekosten
108	**Tip 18** Trading ohne Stops
110	**Tip 19** Die Volatilität handeln
111	**Tip 20** Optionstaktik mit hohem Risiko: Für Futures-Trading
112	**Tip 21** Der beste Tag zum Traden
112	**Tip 22** Die unbestätigte Eröffnung
113	**Tip 23** Die Regel von der 72

113	**Tip 24** Tips für Nachtschwärmer zur Handhabung von Wendepunkten
114	**Tip 25** Handel mit Aktien bei Aufwärtstrends
116	**Tip 26** Bleiben Sie in den Bonds über das Wochenende nur dann Long, wenn Sie risikofreudig sind
117	**Tip 27** Ein Bullen-Markt hat keinen Widerstand
117	**Tip 28** Treasury Bond Futures folgen nicht immer dem Zinssatz
118	**Tip 29** Der eine Grundsatz, den jeder vergißt
119	**Tip 30** 5,3 Prozent und fallend
120	**Tip 31** Verlassen Sie nicht den Pit, solange Sie noch eine offene Position haben
120	**Tip 32** Erkennen Sie einen guten Trade

121	**Tip 33** Gute Trades bedürfen keiner Begründung ... schlechte hingegen schon
122	**Tip 34** Der Computer weiß nicht, wann Sie verlieren
122	**Tip 35** Seien Sie schlauer als der Computer
123	**Tip 36** Eurodollar können der richtige Start sein
124	**Tip 37** Was lesen Trader Woche für Woche?
124	**Tip 38** Taktik ist besser als Technik
126	**Tip 39** Kapitalismus für die Mittelklasse, Sozialismus für die Reichen
127	**Tip 40** Gesundheit führt zu Wohlstand
128	**Tip 41** Die Sache mit der Zielsetzung
128	**Tip 42** EEK!

129	**Tip 43** Sie verdienen heute eine Pause!
130	**Tip 44** Der ultimative Tip - und er könnte grausam sein
131	**Tip 45** Breakout-Systeme funktionierten großartig zwischen 1980 und 1991
131	**Tip 46** Trader verabscheuen es zu kaufen, wenn am Montagmorgen der Markt mit einem Gap öffnet
132	**Tip 47** Ein Mini-Kurs in Optionen
134	**Tip 48** Ihr Broker ist wie ein Trading Copilot
135	**TEIL 3** **Fallen**
145	**Falle 1** 10 bis 30 Prozent Kursrückgang - bitte rechnen Sie
146	**Falle 2** Überzeugen Sie sich selbst, daß mit Futures das große Geld zu machen ist
148	**Falle 3** Warten Sie - aber wissen Sie, wann Sie kaufen sollen

148	**Falle 4** Wenn Unternehmen an die Börse gehen - nehmen Sie das Geld und laufen Sie
150	**Falle 5** Stops abräumen ... erzeugt falsche Signale
151	**Falle 6** Politische Unruhe - seien Sie nicht patriotisch
152	**Falle 7** Daytrader Achtung: Gann ist nicht Elvis
155	**Falle 8** „Goofy" Trading ... oder verlieben Sie sich nicht in Ihre Position
156	**Falle 9** Kaufen Sie nach und Sie könnten Ihr letztes Hemd verlieren
157	**Falle 10** Wenn Trader pleite gehen
158	**Falle 11** Trading in einem Vakuum
159	**Falle 12** Traden Sie in Eile, bereuen Sie mit Muße
160	**Falle 13** Jäger der „verlorenen Bewegung"

161 **Falle 14**
Systeme zerstören sich selbst, Ihr Trading auch?

162 **Falle 15**
Schauen wir mal ... machen Sie sich nichts vor

162 **Falle 16**
Die Falle für Trader ... Versinken im Treibsand

163 **Falle 17**
*Kaufen mit Stolz, Halten mit Vertrauen
(die Grizzly-Falle)*

164 **Falle 18**
Der Guru von heute kann morgen schon pleite sein

165 **Fall 19**
Futures Ausbildung ... Ich bin so pleite, daß ich nicht aufpassen kann

172 **Falle 20**
Sich in Charts zu verrennen

174 **Falle 21**
Keine Nachrichten: Keine Anhaltspunkte für Daytrader

174 **Falle 22**
Verwirren Sie nicht einen guten Trader mit einem Bullenmarkt

176 **Falle 23**
Mein Broker, mein Sohn

176 **Falle 24**
Tendenzen sind keine Realität

179 **TEIL 4**
Spreads

179 **Spread 1**
Mai Mais / März Mais

180 **Spread 2**
Dezember Mais / Juli Mais

181 **Spread 3**
September Mais / Juli Mais

183 **Spread 4**
September Sojabohnen / Mai Sojabohnen

184 **Spread 5**
Kauf Februar Schweine / Verkauf April Schweine

185 **Spread 6**
Kauf Weizen / Verkauf Mais

185 **Spread 7**
März Sojabohnenmehl / Juli Sojabohnenmehl

186 **Spread 8**
Oktober Sojabohnenmehl / August Sojabohnenmehl

187 **Spread 9**
Juli Sojabohnenöl / März Sojabohnenöl

189 **Spread 10**
Mai Sojabohnen / Mai CBOT Weizen

190 **Spread 11**
November Sojabohnen / Dezember CBOT Weizen

191 **Spread 12**
Juli Sojabohnen / Juli CBOT Weizen

192 **Spread 13**
Verkaufen Sie einen Teenager

193 **Spread 14**
Juni Lebend-Rinder / August Lebend-Rinder

194 **Spread 15**
Juni Lebend-Rinder / Oktober Lebend-Rinder

195 **Spread 16**
Juni Schweine / April Schweine

197 **Spread 17**
April Lebend-Rinder / April Schweine

198 **Spread 18**
April Lebend-Rinder / April Mastrinder

199 **Spread 19**
Juni Lebend-Rinder / Mai Mastrinder

200 **Spread 20**
August Lebend-Rinder / August Mastrinder

201	**Spread 21** Juni DMark / Juni Schweizer Franken
202	**Spread 22** Dezember Treasury Bills / März Treasury Bills
203	**Spread 23** Mai Orangensaft / Juli Orangensaft
205	**Spread 24** Juli Baumwolle / Dezember Baumwolle
206	**Spread 25** Mai Bauholz / Juli Bauholz
207	**Spread 26** Der Platin / Gold Spread-Indikator für Bonds
213	**Spread 27** Sehr bekannte Spread-Charts
218	**TEIL 5** **Geschichten von der Front**
230	**Unverschämtes Wörterbuch der Floor-Trader**
239	**Über den Autor**

Vorwort

Schauen wir den Tatsachen in die Augen: Sie haben *Die Tricks der Floor-Trader* gekauft, um Ihre Trading-Gewinne zu steigern. Aber lassen Sie uns das Thema Gewinne einmal etwas näher betrachten.

Bei einer kürzlichen Untersuchung über die Einstellung der Masse gegenüber Gewinnen fand man heraus, daß ein Großteil der Bevölkerung eine völlig falsche Vorstellung davon hat. Mehr als die Hälfte der Befragten dachte, daß je Dollar etwa 36 Cent verdient würden. Genau dieselben Leute sagten jedoch, daß 20 Cent je Dollar ein gerechter Gewinn wären. Wie viele Trader verdienen 20 Prozent je Dollar nach Abzug der Kosten? Tatsächlich werden in unserer Branche Gewinne über 12 Prozent im Jahr als gut angesehen. Das bedeutet, Jahr für Jahr regelmäßige Gewinne und nicht einmal einen Riesengewinn und dann wieder einen Einbruch.

Gleichzeitig herrscht eine gewisse widerstrebende Bewunderung gegenüber Tradern, die - so glaubt man - ihre Gewinne aus zahllosen Hilfsquellen und schnellem Denken erzielt haben. Zwar erzählen Ihnen Trader, wie wichtig es ist, mit Verlusten umzugehen, wichtiger ist dies jedoch bei den Gewinnen. Denn genau das ist es, was zählt: die Gewinne.

Neal Weintraub, der Autor, preist nicht ein weiteres System Marke „So gewinnen Sie Millionen über Nacht" an. Sicherlich, wenn Sie verlieren, bekommen Sie den Kaufpreis des Buches zurück. Großartig. Was aber ist mit den Tausenden von Dollar, die bei Verlusttrades verloren wurden?

Die meisten Bücher über Handelssysteme erreichen nur, daß der Anleger schnell Gewinne mitnimmt und Verlustpositionen so lange laufen läßt, bis alles verloren ist. Diese Information, so spitzfindig sie auch manchmal sein mag, ist eine der wichtigsten in diesem Buch. Wenn ich der Verleger dieses Buches wäre, würde ich es „Trading nach dem gesunden

Menschenverstand" nennen. Aber ich denke, dann würde es sich nicht verkaufen.

„Und zum Thema Verkauf": *Die Tricks der Floor-Trader* sollte zum dreifachen Preis verkauft werden, denn Neal gibt die Erkenntnisse eines Traders und eines Computer Traders weiter - und nicht die eines Anbieters von Handelssystemen. Sogar die Software, die er für Trade Station entwickelt hat, bezeichnet er als Handelstechnik und nicht als Handelssystem. Zu schade, daß Sie nicht an einem von Neals Vorträgen an der Chicago Mercantile Exchange teilnehmen können, aber mit diesem Buch kommen Sie dem so nahe, wie nur möglich.

Vielleicht ist Neals Stil etwas respektlos und vielleicht ist er etwas skeptisch (seine Kommentare bei Lehrgängen sind zu schmerzlich wahr), aber es ist an der Zeit mal durchzulüften; wir brauchen keinen selbsternannten Rattenfänger von Hameln, der Leute ins Verderben führt.

Nachdem ich Neals *Geschichten von der Front* gelesen hatte, erinnerte ich mich an eine Anekdote, die er nicht aufgeführt hat. Und da ich ein Computer- und technischer Trader bin, möchte ich sie jetzt erzählen.

Ein Anhänger der fundamentalen Analyse und einer der technischen Analyse schauten sich die Spätnachrichten an.
In einer Meldung wurde berichtet, daß sich ein Mann vom Dach des Wrigley Buildings in Chicago stürzen wolle.
Der Fundamentalist wettete mit dem Techniker, daß der Mann nicht springen würde. Und natürlich endete letztlich alles damit, daß es sich um einen falschen Alarm handelte. Der Fundamentalist fühlte sich schuldig, weil er die Wette gewonnen hatte. „*Weißt Du", sagte er, „ich wußte, daß der Mann nicht springen würde, da ich die Meldung in der Morgenzeitung gelesen hatte."*
„*Nun, auch ich sah diese Meldung in der Morgenzeitung,", erwiderte der Techniker, „aber meinen Charts zufolge hätte er bei seinem zweiten Versuch springen müssen."*

Genießen Sie das Buch. Lesen Sie es in Abschnitten. *Die Tricks der Floor-Trader* ist perfekt für den Privatanleger von heute. Ich weiß es. Ich selbst wende diese Tricks an.

Pat Raffalovich
Vista Research and Trading, Inc.
Atlanta, Georgia
Miami, Florida

Danksagung

Es ist erwiesen, daß die alten Griechen, neben der Perfektion der Sonnenuhr, eine Wasseruhr als üblichen Zeitmesser verwendeten. Das war vor allem an wolkigen Tagen sehr nützlich. Wasseruhren wurden dazu verwendet, die Redezeit am Gericht zu begrenzen. Den Experten zufolge war die Redezeit auf etwa sechs Minuten begrenzt.

Vielleicht wußten die Griechen, daß die Aufnahmefähigkeit nur für etwa sechs Minuten gewährleistet ist. Deshalb habe ich sichergestellt, daß es in diesem Buch nicht länger als sechs Minuten dauert, um einen Trick, Tip oder eine Falle zu lesen. Ich bedanke mich nicht nur bei den Griechen für ihre Sechs-Minuten-Regel, sondern ich möchte mich auch bei den vielen Anlegern bedanken, die ihre Ideen und Ansichten mit mir teilten. Dieses Buch enthält viele ihrer Ideen.

Meine Eltern waren als Ansprechpartner für Ideen und Konzepte besonders hilfreich. Und natürlich besonderen Dank an meine Mutter, die die Fachpresse gelesen und die wichtigsten Artikel herausgesucht hat. Gott sei Dank kann sie mich jetzt nicht mehr fragen: „Wie kommst Du mit dem Buch voran?"

Ich wurde oft gefragt, wie ich an diesem Gebiet Interesse fand. Vielleicht begann es, als mir meine Großmutter Sparbriefe kaufte, oder als mir mein Großvater Geschichten über Bell & Howell erzählte. Ich kann mich noch daran erinnern, daß ich im Alter von 13 Jahren Anteilscheine von meiner Tante und meinem Onkel, Pearl und Jack Kravit, bekam. Es handelte sich um eine Art Investmentfonds; ich hatte damals keine Ahnung, was ein Investmentfonds ist. Eigentlich wollte ich ja einen Baseball-Handschuh. Jedenfalls ist es unmöglich, in Chicago aufzuwachsen und nichts von den Börsen in der LaSalle Street und South Wacker Drive mitzubekommen. Wie von einem Magneten wurden Leute aus allen Bevölkerungsschichten von diesen Institutionen angezogen. Die Finanzmärkte können ebenso gewinnbringend wie gnadenlos sein.

Die Märkte rufen Emotionen in Dir wach, von denen Du nicht wußtest, daß sie überhaupt noch existieren.

Es war die Ausbildungsabteilung der Chicago Mercantile Exchange, die mir die Möglichkeit gab, zu unterrichten und mein Interesse am Schreiben weckte. Mein besonderer Dank gilt deshalb dieser Ausbildungsabteilung u.a. auch dafür, daß ich in einer so schönen und professionellen Organisation arbeiten darf. DeBorah Lenchard, der Leiter dieser Abteilung, zeigt eine unglaubliche Geduld bei einigen meiner unorthodoxen Unterrichtsmethoden. Ron, Phyllis, Nora und Curt tragen ebenso zu dieser wundervollen Abteilung bei. Nach meinen anfänglichen Seminaren war es Ira Epstein, der meine ersten landesweiten Seminare 1987 in Chicago und Beverly Hills gefördert hat. Ich denke an Ira als den Stan Kenton der Commodities.

Durch meine Arbeit als Leiter der Commodity Optionen der Chicago Board of Trade hatte ich den unschätzbaren Vorteil, eine Menge Individualisten und Trader kennenzulernen, die ihr eigener Boß geworden sind.

Obwohl ich computerisiertes Traden lehre, bin ich gleichzeitig Schüler. Dafür bin ich dem Team der DePaul Universität und der Henry Georg School of Economics dankbar. Sie stehen innovativen Ideen immer aufgeschlossen gegenüber.

Die Bilder auf dem Buchumschlag wurden von Marc Schuman aufgenommen. Marc und ich sind nicht nur gute Freunde und fahren zusammen Ski, wir teilen auch unsere Ansichten und unseren Respekt gegenüber den Märkten.

Entgegen der üblichen Meinung, daß man Seminarteilnehmer in einen kleinen Hotelsaal pferchen und mit Folien bombardieren muß, waren es Sam Tennis und Pat Raffalovich von Vista Trading and Research, die mich dazu brachten, für Anleger Software-Programme zu entwickeln, damit die Lernwilligen gemütlich zu Hause das Traden lernen konnten. Die

Leute von Peregrine Financial Group erzeugten während meiner Arbeit an diesem Buch eine Atmosphäre von Vertrauen und gegenseitigem Respekt. Russ, Connie, und Russ Jr. gaben mir alle Freiheiten und stellten mir Büroräume in der Chicago Mercantile Exchange zur Verfügung.

Letztendlich bot ich die Idee für dieses Buch vielen Verlegern an, aber es war Irwin Professional Publishing, die die Gelegenheit beim Schopf ergriffen, um neue, innovative Wege für Bücher über das Trading zu beschreiten. Ich hoffe aufrichtig, daß Sie die Ideen ebenso finden: innovativ.

Neal Weintraub

Einführung

Selbsterkenntnis und Beherrschung sind die wichtigsten Eigenschaften eines Traders. Sie können nicht den Markt bewältigen, bevor Sie nicht sich selbst im Griff haben. Trader wissen dies. Spekulanten wahrscheinlich nicht. Aus taoistischer Sicht erfüllen Menschen, die nur materiell orientiert sind - die sich mit ihrem Besitz identifizieren - im Universum nur den einen Zweck, Sachen von einem Ort zu einem anderen zu bewegen. Materiell orientierte Menschen können sich intellektuell nicht entwickeln, da sie durch ihre Bindung starr und unflexibel werden. Auf diese Weise werden das Trading und die Ideen fest und starr und man ist nicht offen für neue Ideen. Man konzentriert sich auf das Ziel und nicht auf die Mittel. Wir alle haben schon Leute kennengelernt, die nur darauf aus waren, Geld zu verdienen und nicht, eine gute und ordentliche Arbeit zu erledigen.

Vielleicht traf mein Onkel Joe den Nagel auf den Kopf, als er mir in mein Jahrbuch schrieb:

In Deinem ganzen Leben
bedenke immer doch:
Schau stets nur auf den Donut
und niemals auf das Loch.

Sich auf das Geld zu konzentrieren und nicht auf den Trade, und dadurch nicht mehr im Einklang mit dem Markt zu sein, das ist es, was die Masse vom Trader unterscheidet. Trading ist keine Wissenschaft. Es ist eine Kunst. Für eine gültige, wissenschaftliche Theorie benötigt man zwei Komponenten. Sie muß erklären und voraussagen. Wissenschaftler können eine Sonnenfinsternis erklären und auf die Minute voraussagen, wo und wann die nächste sein wird.

Wenn es um Trading geht, kann man großartige Erklärungen hören, aber nur mittelmäßige Vorhersagen. Das meiste Geld, das wir für Marktinformationen ausgeben, ist für die „Vorhersage". Ehrlich, wenn Trading eine Kunst ist, und viele Sozialwissenschaften sind das, dann müßten wir alle viel vorsichtiger gegenüber den sogenannten Trading „Wissenschaftlern" sein.

Es gibt keine Gurus, es gibt nur großartige Verwalter, die mit Geld umgehen können.

Unabhängigkeit ist für den Trader lebenswichtig. Trader wissen, daß man die Zukunft nicht vorhersagen kann. Man kann nur Trends erkennen und wissen, wann man eine Position eingehen und wann man sie wieder liquidieren muß. Wenn es einen Trader oder ein System gäbe, das die Zukunft vorhersagen könnte, dann würde kein Trader mehr die andere Seite dieses Trades eingehen. Es gibt keinen Zauberer, der so mächtig und allwissend ist, daß er andere vom Traden abhalten könnte. Genausowenig gibt es ein Handelssystem und einen Indikator, der so mächtig ist, daß professionelle Trader vor ihm erstarren würden.

Sie sind ein Trader, ein Spekulant, aber kein Spieler. Sie probieren nicht herum. Die Masse glaubt, sie kann mit allem handeln, mit Baseballkarten, mit Bingokarten und dabei erfolgreich sein. Ein guter Trader weiß jedoch, daß das nicht stimmt. Wenn Sie als Immobilienmakler gut sind, heißt das nicht, daß es bei Aktien oder Fonds genauso sein muß.

Bei vielen unserer Symposien sagen mir die Leute bloß, daß sie viel Geld mit Traden machen wollen. Dieser Wunschtraum endet meist mit mehr als unliebsamen Ergebnissen. Seien Sie realistisch. Glauben Sie wirklich, Sie können aus 25.000 Dollar zwei Millionen Dollar machen? Ich bin schockiert, wenn ich Anzeigen lese, in denen behauptet wird, daß man innerhalb dreier Tage lernen kann, wie man tradet. Wenn das wahr wäre, warum verkaufen dann die Trader nicht ihre Computer und Börsensitze, die über 450.000 Dollar wert sind, und nehmen an diesen Kursen teil?

Nehmen Sie sich einen Moment Zeit und schreiben Sie auf, was Sie in den folgenden Situationen tun würden.

A. Es ist Sonntag, der 4. Juli und die Chicago Mercantile Exchange ist am Montag wegen eines amerikanischen Feiertages geschlossen. Globex, der Computerhandel für das Nachttrading, ist ebenfalls geschlossen. Sie möchten die aktuellen Kurse der ausländischen Währungen wissen und auch einen Trade eingehen.

Was machen Sie?
1. Sie warten bis Dienstagmorgen.
2. Sie handeln den Kassamarkt.
3. Sie handeln Montagnacht über Globex.

B. Die Chicago Board of Trade wurde wegen Überschwemmung geschlossen. Sie halten eine beträchtliche Position in den Bonds. Es gibt keine Möglichkeit, in Chicago zu handeln und Sie sorgen sich wegen des möglichen Risikos.

Was machen Sie?

C. Ihre Futures Position ist Limit Up* und Sie befürchten, daß es auch am nächsten Tag eine Limitbewegung geben könnte. Es sind noch fünf Minuten bis zum Marktschluß.

Was können Sie tun?

D. Ihr Broker möchte, daß Sie Ihre Position glattstellen, bevor Wirtschaftszahlen veröffentlicht werden. Mit welcher Strategie wäre es möglich, die Position zu halten?

Was würden Sie tun?

E. Es wird Ihnen erzählt, daß ein Markt sehr liquide ist und daß man leicht eine Position eingehen und auch wieder aus ihr rauskommen kann.

Woran erkennen Sie, ob das stimmt?

Planung, Technik und Zugriff

Zwischen dem 14. und 17. jeden Monats wird von der Regierung ein Bericht über die *Industrial Production and Capacity Utilization* herausgegeben. Bevor dieser Bericht veröffentlicht wird, gehen einige Trader Positionen ein und scheinen dabei sehr zuversichtlich zu sein. Wenn der Bericht veröffentlicht wird, stimmt er mit der Markterwartung genau überein. Tatsächlich hat man meistens den Eindruck, als ob die Trader die Zahlen des Berichts bereits kennen würden.

Wie können Trader diese Zahlen mit solcher Genauigkeit voraussehen?

Wenn Sie weiterlesen, finden sie die Antworten hier in *Die Tricks der Floor-Trader*.

„Die meisten Trades, die geplant werden, werden nicht eingegangen. Die meisten Trades, die eingegangen werden, sind nicht geplant."

Bevor wir beginnen, muß ich Ihnen ein Kompliment machen. Als Trader, sowohl von zu Hause aus wie auch im Pit*, habe ich den allergrößten Respekt vor Nicht-Floor Tradern. Sie sind wirklich Trader. Sie haben eine Idee und verwirklichen sie. Sie warten nicht auf den kleinen Vorteil. Sie warten nicht auf Market Order* oder Stops. Viele Pit-Trader sind echte Market Maker*. Sie kaufen lediglich zum Bid* und verkaufen zum Ask*. Das geht ganz automatisch; es ist eben nur ein Job.

Es gibt jedoch auch Floor Trader, die eine Vorstellung von der kommenden Kursbewegung und den Preisen haben. Im Laufe der Jahre haben diese Trader eine Überlebenstechnik entwickelt. Die Pit Trader von heute brauchen keinen Notebook-Computer in den Händen zu halten, denn sie haben direkten Zugriff auf die Kurse und sie reagieren auf diese. Ebenso werden überall die aktuellen Nachrichten angezeigt. Auf einige kann man sich verlassen, bei anderen handelt es sich nur um Gerüchte.

Da Floor Trader für 50 Prozent des Volumens gut sind, wäre es dann nicht interessant zu wissen, welche Taktiken und Methoden sie verwenden?

Wir sind keine Feinde.
Wir sind keine Freunde. Wir sind Trader.

Wir haben jedoch verschiedene Standpunkte in der Trading-Arena. Und die Einstellung, um Geld zu verdienen, ist für die Masse dieselbe wie für Pit-Trader. Wir können voneinander lernen. Floor-Trader beziehen Computertechnologie in ihren Handel ein und Computer-Trader fangen an, den Unterschied zwischen Monitor und Parkett zu verstehen. Einige der hier vorgestellten Taktiken mögen auf Ihren Handelsstil zutreffen. Andere sind nur dazu da, um zum Nachdenken anzuregen. Versuchen Sie, sie in Ihre Sammlung mit aufzunehmen. Wer weiß, vielleicht fangen Sie an, wie ein Floor-Trader zu denken.

Am schwierigsten für die meisten Trader ist es, einen wohldurchdachten Tradingplan zu Papier zu bringen. Taktiken basieren auf Handelsstrategien. Beim Durchlesen dieser Handelstaktiken sollte Ihnen die zugrundeliegende Strategie einleuchten. Bei vielen meiner Seminare bemerkte ich, wie Teilnehmer zurückschreckten, wenn ich sie gebeten habe, einen Tradingplan aufzustellen. Es hat sich gezeigt, daß dies eine sehr schwere Aufgabe ist.

Wenn ich jedoch bestimmte Handelstechniken erwähnte, die von Tradern angewendet werden, zeigte sich, daß sich einzelne Kursteilnehmer von diesen Techniken regelrecht angezogen fühlten. Ich dachte, hier ist zumindest ein Weg, sie „über die Hintertür" zum Planen zu bringen. Vielleicht ist dies ein Ansatz, einen Plan zu entwickeln.

Wenn Sie sich auf diese Taktiken konzentrieren, hoffe ich, daß Sie einen Trading-Plan und eine Strategie entwickeln, die diese Trading-Ideen (Taktiken) beinhaltet.

Aber denken Sie daran: Begegnen Sie jeder Idee, jedem Guru und jedem Indikator mit einer gesunden Portion Skepsis und Vorsicht. Denn letztendlich entscheiden die Gesetze der Statistik, der Wahrscheinlichkeit und des Money Managements über Ihren Erfolg. Nur weil Sie jetzt grade obenauf schwimmen, heißt das noch lange nicht, daß Sie den Erfolg für sich gepachtet haben.

TEIL 1
Tricks

Es gibt verschiedene Möglichkeiten, um Orders* im Markt zu plazieren. Jede Orders erfüllt einen besonderen Zweck. Die Plazierung von Order ist ein wesentlicher Bestandteil der Handelstaktik. Immer wieder erlebe ich, wie Trader lediglich sagen: Kaufe zum Markt, verkaufe zum Markt. Wenn Sie Ihre Orders nicht durchdenken, sind Sie dem Trading-Pit auf Gedeih und Verderb ausgeliefert.

Der sogenannte Pit-Trader lebt förmlich von den taktischen Fehlern, die die Masse bei der Plazierung von Orders macht. Die Trader im Pit lieben „Market Order", da sie damit den Markt bestimmen können. Das kann den Unterschied zwischen einem gewinnträchtigen oder einem verlustreichen Tag ausmachen. Market Orders zu geben ist, als ob man in ein teures Lokal geht und Hummer nach der Speisekarte zum „Marktpreis" bestellt, ohne sich zu erkundigen, was der Marktpreis ist. Falls Sie keinen Kleinstauftrag geben, eine Position glattstellen oder Ihre Freundin beeindrucken wollen, lassen Sie sich Bid und Ask für den gehandelten Kontrakt geben. Die Pit-Trader handeln nicht untereinander. Sie brauchen Sie!

TRICK 1
Vermeiden Sie Market Order

Verwenden Sie diese Orderarten?

LIMIT ORDERS Limit-Order beauftragen den Broker, die Order zu einem festgelegten oder besseren Kurs auszuführen. Wenn Sie kaufen, können Sie keine Ausführung über den angegeben Kurs bekommen. Wenn Sie verkaufen, können Sie zu keinem tieferen Kurs ausgeführt werden. Wenn Sie diese Art Order erteilen, müssen Sie dem Broker ein „Limit" angeben. Dies ist die beste Order, wenn Sie in einen normalen Markt einsteigen wollen.

CXL-ORDER (CANCELLATION - Stornierung) Eine Order zur Stornierung weist den Broker an, die zuvor erteilte Order aus seiner Auftragsliste zu streichen. Dies wird auch „Straight Cancel" genannt. Wenn der Broker einen Stornierungsauftrag erhält, muß der Kundenbetreuer sowohl die Stornierung als auch den ursprünglichen Auftrag zurückerhalten. CXL-Orders werden meist gegen Ende der Börsensitzung gegeben, wenn die Chancen auf eine Ausführung gering oder das Risiko-/Gewinnverhältnis ungünstig sind.

CFO-ORDER (CANCEL FORMER ORDER - Storniere vorherigen Auftrag) Diese Order erfüllt zwei Dinge: Sie ersetzt eine bestehende Order durch eine neue. „Kaufe fünf APR FDR 7050 CFO 7040." Dies weist den Broker an, fünf April Mastrinder bei 7050 zu kaufen und den Kaufauftrag bei 7040 zu stornieren.

CXL- und CFO-Orders können leicht verwechselt werden. Professionelle Trader verwenden CFO-Orders häufiger. Die Masse storniert für gewöhnlich erst eine Order und ruft dann später nach einer neuen Markteinschätzung mit einem neuen Auftrag wieder an. Der professionelle Trader hat den Markt bereits analysiert.

MOC-ORDER (MARKET ON CLOSE - Zum Schlußkurs)
Diese Order weist den Broker an, den Auftrag auszuführen, wenn der Markt schließt, also während der letzten paar Minuten (die Zeitspanne variiert je nach Börse, Pit und Broker). Der Auftrag muß zu einem Preis innerhalb der Preisspanne zu Marktschluß ausgeführt werden. Genau dabei wird die Masse „über den Tisch gezogen", denn der Auftrag kann irgendwo innerhalb dieser Preisspanne ausgeführt werden. Solche Preisspannen können sehr groß sein. Kein Wunder, daß die Pits bei Marktschluß überfüllt sind. Es sind aber nicht die Locals*, die ihre eigenen Positionen liquidieren. Es sind die Floor-Trader, die darauf warten, daß die „Fütterung der Raubtiere", gesponsort von der Masse, beginnt.

STOP-LIMIT ORDER Das ist eine Stop-Order, die zu einer Limit-Order wird, sobald der Markt einen genannten Preis erreicht. Viele Trader verwenden „Stops" und nicht „Stop Limits". Das ist ein großer Unterschied. Wenn Sie lediglich einen „Stop" verwenden, wird Ihr Auftrag zu einer Market-Order und kann überall ausgeführt werden, sobald Ihr Broker einen Gegenpart im Pit gefunden hat. Ein Trader, der 1 Dez. S&P kaufen möchte, wenn der Kurs von 165.75 erreicht wird, kann folgendes tun: Kauf 1 Dez. S&P 165.75 Stop Limit 165.85. In diesem Beispiel wird der Broker angewiesen, einen Dez. S&P zu kaufen, wenn der Kurs 165.75 erreicht, jedoch nicht zu einem Preis über 165.85.

TRICK 2
Wenn es dreimal klopft

Diese Technik wird von Futures-Tradern verwendet, die darauf warten, daß der Markt mindestens dreimal anklopft, bevor sie antworten. Wenn beispielsweise die Bonds zweimal bis 98.22 gehen (innerhalb einer geringen Toleranzgrenze) und wieder zurückfallen, warten die Floor-Trader noch. Wenn die Kurse ein drittes Mal in den Bereich 98.22 kommen, fangen die Floor-Trader an zu kaufen. Wenn das geschieht, reicht ein zweimaliger Test für gewöhnlich aus, um eine Kursbewegung zu bestätigen. Bei fallenden Märkten gilt diese Technik ebenfalls.

Egal, was Sie gehört haben, der Markt ist nie zu hoch, um zu kaufen oder zu tief, um zu verkaufen. Die Bond-Rallye 1992-1993 ist ein aktuelles Beispiel für zunächst ein Doppelhoch, dann ein Dreifachhoch und dann die Kopf-Schulter Formation. Danach warteten die Trader allerdings auf eine Trendumkehr. Wie ein Trader mir einmal sagte: „Eine Trendumkehr ist ein guter Ausdruck dafür, was mit Deinem Bankkonto passieren kann."

Welchen Hintergrund hat das dreimalige Warten? Üblicherweise hat die Masse ihre Stops an bestimmte Punkte gelegt. Die Masse hat keinen Einfluß auf den Zeitpunkt, wann ihr Stop ausgeführt wird. Sie können nicht sagen, „Stop mich erst beim zweiten Mal aus." Also haben wir die Masse nach dem ersten Mal draußen. Beim zweiten Mal könnten die Fonds und kommerziellen Anleger in Aktion treten. Wenn dann ihre Aktionen Erfolg haben, wissen wir, daß es sich um eine gesunde Bewegung handelt. Der Floor nimmt beim dritten Mal an dieser Rallye teil. Wenn Sie dann noch immer in die Gegenrichtung spekulieren, haben Sie schlechte Karten.

Wenn Ihnen der Markt die Gelegenheit für einen vierten Test einer Widerstands- oder Unterstützungszone gibt, so ist dies für gewöhnlich ein absolutes Geschenk, denn jetzt befinden sich die Kontrakte meist in festen Händen, die die Kurse beim vierten Mal deutlich durch diese Zone bringen.

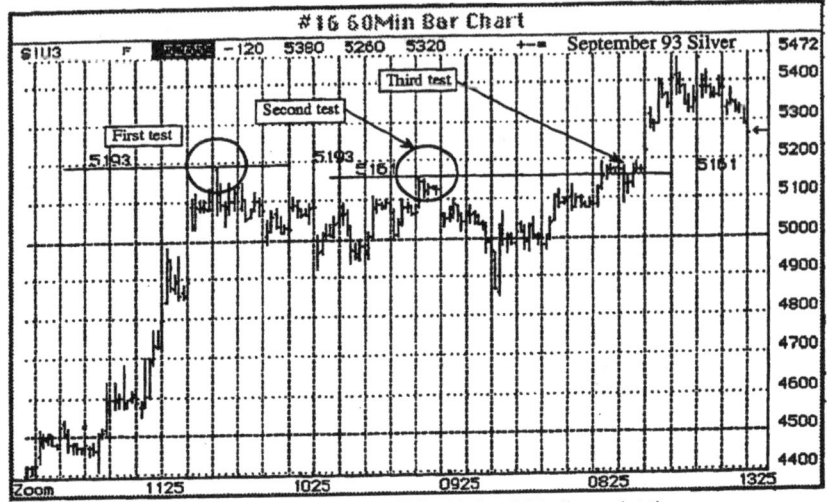
Chart courtesy of DCI Integrated Computer Systems utilizing Macintosh® trading workstations

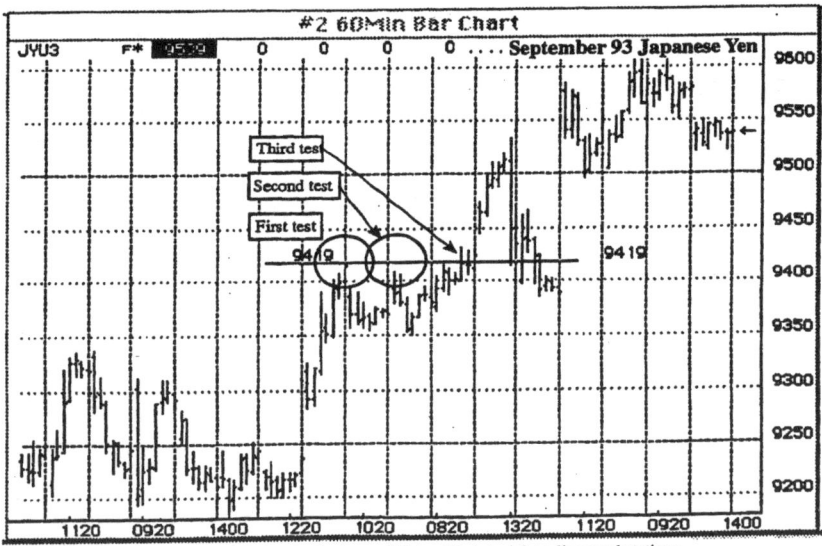
Chart courtesy of DCI Integrated Computer Systems utilizing Macintosh® trading workstations

Beispiel für Trick 2

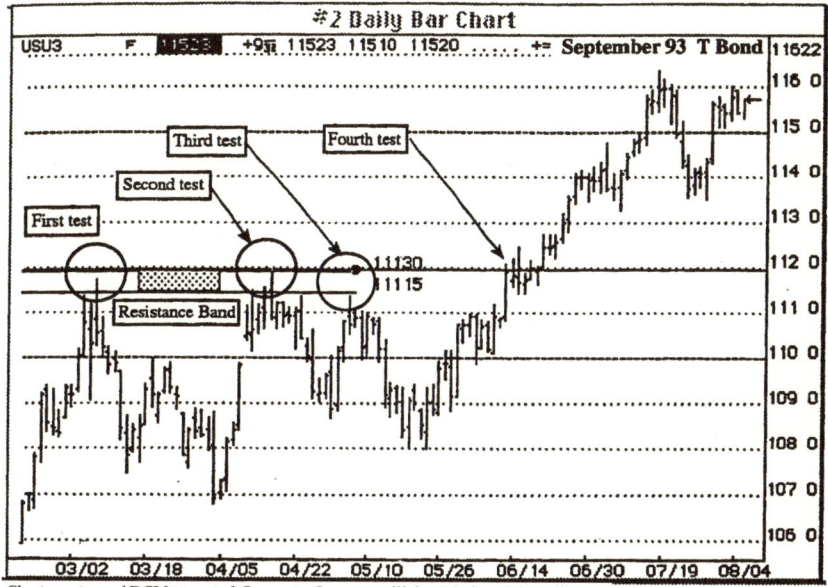

Beispiel für Trick 2 (4 ist ein Geschenk)

TRICK 3
Taktik bei wichtigen Berichten für Daytrader

Zwei Minuten bevor ein Regierungsbericht veröffentlicht wird, notieren Sie sich den aktuellen Kurs der Aktie oder des Terminkontraktes, die Sie handeln wollen. Hierbei handelt es sich mehr um eine Daytrade-Technik*, deshalb sollte der Markt die Zahlen des Berichts schon vorweggenommen haben.

Bei einer starken Kursbewegung warten Sie, bis der Markt zu dem Kurs zurückkommt, den Sie sich notiert haben. Je näher der Markt dieser Zahl kommt, desto nervöser werden die Floor-Trader. Das liegt daran, daß es sich bei der aufgeschriebenen Zahl um einen „Pivot Point" handelt. Wenn der Markt über diesen Punkt hinausgeht, gehen Sie einfach mit dem Trend und setzen Sie einen Stop beim Einstiegskurs.

Wichtige Berichte

Wenn gewisse Berichte veröffentlicht werden, suchen Floor Trader nach günstigen Einstiegsmöglichkeiten zum Kauf oder Verkauf. Die folgenden Berichte geben Ihnen einen Überblick über die Taktiken, die Sie von den Floor Tradern erwarten können. Dies sind keine festen Regeln, sie geben Ihnen aber einen guten Einblick über die möglichen Reaktionen des Floors.

Bruttosozialprodukt	Trader
Wenn der Bericht positiv ist,	verkaufen Sie Bonds.
Wenn der Bericht negativ ist,	kaufen Sie Bonds.
Wenn der Bericht positiv ist,	kaufen Sie den Aktienindex.
Wenn der Bericht negativ ist,	verkaufen Sie den Aktienindex.

Alle anderen Indikatoren beinhalten Informationen aus dem Bruttosozialprodukt.

Einkaufsmanager-Index **Trader**
Wenn der Bericht positiv ist, verkaufen Sie Bonds.
Wenn der Bericht negativ ist, kaufen Sie Bonds.

Dieser Index ist kein Regierungsbericht, sondern wird von der *National Association of Purchasing Managers* veröffentlicht. Verwenden Sie diesen Index nicht in Verbindung mit dem Aktienindex, es sei denn, die Zinsen steigen. Auf Grundlage dieses Berichts Geld zu verdienen, ist nicht einfach. Am günstigsten ist es, Sie warten, bis der Markt den Bericht verarbeitet hat, da zu viele Komponenten analysiert werden müssen. Dies ist ein sehr riskanter Trade mit geringer Gewinnerwartung.

Erzeugerpreis-Index **Trader**
Wenn der Bericht positiv ist, verkaufen Sie Bonds.
Wenn der Bericht negativ ist, kaufen Sie Bonds.
Wenn der Bericht negativ ist, kaufen Sie den Aktienindex.

Dieser monatliche Bericht blickt hinter die Kulissen der Inflation. Es ist der erste Indikator im Monat über die Inflationsentwicklung.

Verbraucherpreis-Index **Trader**
Wenn der Bericht positiv ist, verkaufen Sie Bonds.
Wenn der Bericht negativ ist, kaufen Sie Bonds.

Die Kombination von Verbraucherpreisen und Erzeugerpreisen ist sehr wichtig, um ein genaues Bild der Wirtschaft zu bekommen.

Keine Trendbestätigung bei den Währungen (so gut wie ein wichtiger Bericht)
Dies ist für Trader, die nachts handeln und Zugriff auf das Night Desk* haben. Warten Sie auf eine starke Auf- oder Abwärtsbewegung bei den Währungen. Am besten schließen Sie

am oberen oder unteren Ende. Jetzt warten Sie, bis die asiatischen Märkte öffnen. Wenn dort der Trend nicht fortgeführt wird, gehen Sie in die entgegengesetzte Richtung der Bewegung des amerikanischen Marktes. Dies ist einer der beliebtesten Trades bei den Banken. Trader können über Globex oder den Kassamarkt an dieser Spekulation teilnehmen. Es gibt Firmen, die am Ende des Tages Positionen aus dem Kassamarkt in Terminkontrakte umwandeln (EFP - Exchange for Physicals).

TRICK 4
Wenn die Bonds am Tagestief schließen

Verkaufen Sie den Aktienindex. Wenn die Bonds am Tageshoch schließen, dann kaufen Sie den Aktienindex. Dies alles geschieht nach 14.00 Uhr (Chicagoer Ortszeit). Um sicherzugehen, daß diese Strategie auch funktioniert, beobachten Sie, ob die Bonds an der MidAmerica Exchange ihre Bewegung fortsetzen. Diese Taktik verrieten mir meine Kollegen des S&P Pit. Diese Technik ist erfolgversprechend, wenn die Bonds eine Bewegung von mehr als 25 Ticks gemacht haben.

TRICK 5
Der Bumerang bei der Eröffnungsspanne

Für diesen Handelsansatz benötigen Sie sowohl etwas Geduld als auch Zugriff zum Floor. Zuerst ermitteln Sie die Preisspanne bei der Eröffnung. Warten Sie, bis der Markt in diesen Bereich zurückkommt. Jetzt ermitteln Sie die Richtung, in die der Markt aus der Preisspanne ausbricht. Wenn der Markt nach oben ausbricht, kaufen Sie. Wenn der Markt nach unten ausbricht, verkaufen Sie. Dieser Trade ist nur für eine kurze Zeitdauer gedacht und ist für gewöhnlich gut für eine 3 Cent-Bewegung bei den Getreiden und vier oder fünf Ticks bei den Bonds. Positionen mit so geringer Gewinnspanne sollten Sie nicht länger als eine Stunde halten. Sie müssen ständig Zugriff auf die aktuellen Kurse haben.

Beispiel: Um 9.30 Uhr (Chicagoer Ortszeit) öffnet die Sojabohne im Bereich um $ 6.00 und fällt auf $ 5.97. Eine Chance für einen Trade ergibt sich, wenn der Markt die Eröffnungsspanne (6.00) wieder erreicht. Wenn der Markt diese Spanne um einen Cent übersteigt, kaufen Sie sofort. Ihr Gewinnziel sind zwei bis drei Cent. Auf keinen Fall darf bei diesem Trade eine Position, die im Gewinn ist, zu einem Verlust werden. Dieser Trick ist nichts für Nervenschwache.

TRICK 6
Wie man die Stops der Börsenbriefe anwendet

Viele Verfasser von Börsenbriefen verwenden Stops, damit der Leser weiß, wieviel er maximal pro Trade riskiert. Die Börsendienste möchten nicht ihren Lesern erzählen müssen, sie hätten eine große Marktbewegung verpaßt. Sie wollen auch nicht über 5 Prozent des eingesetzten Kapitals pro Trade verlieren. Es ist recht einfach zu erraten, wo die Stops gelegt werden. Meistens ist es in der Nähe des letzten Monatshochs oder -tiefs. Trader an den Börsen haben die Möglichkeit, die meisten dieser Börsenbriefe zu lesen und wissen, wo die Masse die Stops legt. Die meistens Börsendienste verwenden Stops nach technischen Gesichtspunkten und ohne Alternativen, wie Optionen oder Spreads, in Betracht zu ziehen. Sie haben keine „Standhaftigkeit" und beinhalten nur technische Indikatoren. Machen Sie sich die Ansichten der Börsenbriefschreiber zu Nutze und verwenden Sie diese Stops nicht, um eine Position aus dem Markt zu nehmen, sondern für einen Einstieg. Genauso machen es die Floor Trader. Wenn Sie sich wundern, woher der Floor weiß, wo die Stops sind, dann hat Sie wahrscheinlich Ihr Lieblings-Guru verraten.

Die gängigsten Börsenbriefe findet man in den Bibliotheken der Börsen. Viele Trader lassen Mitarbeiter diese Börsenbriefe dort lesen und die wichtigsten Stops notieren. Die Preise für Börsenbriefe gehen in die tausende Dollar und sie sind recht präzise in ihren Empfehlungen. Für Sie als Trader ist es schwierig, Geld in so ein spekulatives Geschäft zu investieren. Aber Sie können Geld in Börsenbriefe investieren, die sich auf Ihr Interessengebiet konzentrieren.

Geben Sie niemals dem Stop eines Börsenbriefes den Vorzug gegenüber dem Stop unter Gesichtspunkten des Money Management. Es gibt Anleger, die alles so perfektioniert haben, daß sie Börsenbriefe aus aller Welt abonnieren. Nur weil Sie ein eifriger Leser sind, können Sie dadurch keine Erfahrung ersetzen.

THE BULLISH CONSENSUS Floor Trader erwarten diesen Börsenbrief, da er angibt, wie positiv oder negativ die allgemeine Einschätzung für die einzelnen Märkte ist. Bei Werten über 75 sollte man ein Engagement auf fallende Kurse in Erwägung ziehen, Werte unter 25 sind ein Kaufsignal.

Es gibt mehrere Firmen, die den prozentualen Anteil an Bullen* und Bären* unter den Börsendiensten ermitteln. Die bekanntesten dieser Firmen sind Investors Intelligence *für den Aktienmarkt und* Market Vane *für den Terminmarkt. Einige Börsendienste verstehen es sehr gut, doppeldeutige Empfehlungen auszusprechen. Die Redakteure von* Investors Intelligence *und* Market Vane *haben reichlich Erfahrung, um diese schwarzen Schafe auszuson-*

dern. *Solange der Redakteur die Bewertungen vornimmt, bleiben sie stimmig.*
(Dr. Alexander Elder, Trading as a Business, veröffentlicht von John Wiley & Sons.)

Die *American Association of Individual Investors* veröffentlicht einen Stimmungsbericht, den *Sentiment Survey* der privaten Anleger. Dies ist ein hervorragender Indikator, um die allgemeine Meinung über den Aktienmarkt einschätzen zu können. Die Ergebnisse der Untersuchungen können Mitglieder über eine Mailbox abrufen. Die aktuellen Zahlen sind meist am späten Freitagnachmittag verfügbar.

Ich schätze *Ipso Facto*, veröffentlicht von Doug Janson bei Goldenberg-Heymeyer an der Chicago Board of Trade. Unter der Telefonnummer (312) 929-1451 können Sie ein Probeexemplar anfordern.

TRICK 7
Bei Stärke kaufen und bei Schwäche verkaufen

Es stimmt, daß einige Märkte fester sind als andere. Trader kaufen einfach den festeren Markt und verkaufen den schwächeren. Wenn beispielsweise die Sojabohne zwei Cent höher notiert, Weizen jedoch nur einen viertel Cent, dann kaufen Sie Sojabohne und verkaufen Weizen. Aus so einem Daytrade kann oft ein Spread entstehen, der längere Zeit gehalten wird.

Entgegen der üblichen Meinung sind Spreads keineswegs ohne Risiko. Bei Spreads ist das Risiko geringer als bei einer direkten Long- oder Shortposition*. Für gewöhnlich unterscheidet sich die Stärke der Kursbewegung von einem Handelsmonat zum anderen. Letztendlich gibt es Spreads, um auf der Grundlage der Differenz zwischen zwei oder mehr Kontraktmonaten einen Profit zu machen. Es gibt mehr verschiedene Ansichten über die Entwicklung der Spread-Differenz, als über die reine Marktbewegung. Das kann einen zum Spread-Trading nur ermutigen und zudem erhöht es die Liquidität.

Oftmals kommt folgende Frage auf: Warum soll ich überhaupt auf Spreads achten? Schauen Sie sich einmal den Unterschied zwischen dem Preis der Sojabohne und dem CRB Index an.

Datum	CRB	Sojabohne (aktueller Handelsmonat)
12.02.93	202,25	570,50
19.02.93	203,10	573,25
26.02.93	203,00	577,25
19.01.93	213,90	586,75
23.07.93	218,90	727,50

Als Bond Trader verfolgen Sie vielleicht den CRB Index als Frühwarnsystem für Inflation. Da die Sojabohne mit einem großen Anteil im CRB Index gewichtet ist, ist dies eine bequeme Möglichkeit, sich ein oberflächliches Bild von der Inflation zu verschaffen. Bei einer sehr starken Kursbewegung in der Sojabohne kann man in Erwägung ziehen, die Bonds zu verkaufen. Sie sehen, auch das Beobachten von Spreads kann durchaus lukrativ sein.

Über die Floor-Trader

Floor-Trader können jede Gegenseite Ihrer Position einnehmen und sie wissen, wie sie sich über Spreads absichern können. Sie wissen, wo die Spreads gehandelt werden. Sehen Sie auf Ihrem Bildschirm, was wir am Floor sehen? Oder haben Sie Ihr geheimes System so aufgemotzt, daß nur Sie es verstehen?

Auch wenn Sie keine Spreads handeln, sind sie für Ihre eigene Trendanalyse wichtig. Sie können einen standardisierten Wert verwenden, um die Stärke oder Schwäche verschiedener Commodities zu ermitteln. Diese gängige Statistik nennt sich „Momentum Oszillator %" und wird mittels Tages- oder Wochendaten unter Verwendung von Eröffnung, Hoch, Tief und Schlußkurs ermittelt. Der Indikator wird wie folgt berechnet:

$$\frac{(Hoch - Eröffnung) + (Schlußkurs - Tief)}{2 \times (Hoch - Tief)} = \text{Momentum Oszillator \%}$$

Der prozentuale Wert bewegt sich zwischen 0 und 100 und zeigt die relative Stärke des Trends an. Je niedriger die Zahl, desto stärker der Abwärtstrend bzw. schwächer der Aufwärtstrend. Infolgedessen sprechen höhere Zahlen des Indikators für einen stärkeren Aufwärtstrend. Werte des Indikators um die 50 Prozent werden als neutral angesehen.

Diese Technik ist nicht nur auf die Terminmärkte begrenzt. Genauso kann man damit Apple-oder IBM-Aktien kaufen.

TRICK 8
Spread-Taktiken

Verwenden Sie einen 23 Tage gleitenden Durchschnitt für den Handel von Spreads. Berechnen Sie ihn mit Hilfe eines Computers oder benutzen Sie eine einfache Tabellenkalkulation. Mein Mitarbeiter, Steve Silverman, verwendet diesen 23 Tage-Durchschnitt und handelt danach.

Wenn Sie Getreide handeln, ist es wichtig, daran zu denken, daß im Gegensatz zur Kasse und zum Spotmonat in den entfernten Handelsmonaten die Haltekosten, z.B. Lagerung und Versicherung, im Kurs enthalten sind. Man spricht von *Inverted Markets*, wenn die Kurse des Spotmonats höher als die der entfernten Handelsmonate sind. Ob ein Markt normal oder invertiert ist, entscheidet sich an der Wechselwirkung von verfügbarem Angebot, Nachfrage und Logistik.

Bei normalen Marktverhältnissen kann die Nachfrage an Ware durch vorhandene Lagerbestände befriedigt werden. Die Käufer sind bereit dafür zu bezahlen, daß andere das Getreide lagern, bis es gebraucht wird. Diese Haltekosten sollten zumindest die aktuelle Zinsbelastung abdecken. Beispielsweise würde bei 8% Zinsen und US$ 6.00 teuren Sojabohnen die monatliche Belastung für die Lagerung bei vier Cent liegen. Da Spreads so enorm wichtig für Ihren Erfolg sind, finden Sie in diesem Buch ein Extrakapitel über Spread-Techniken.

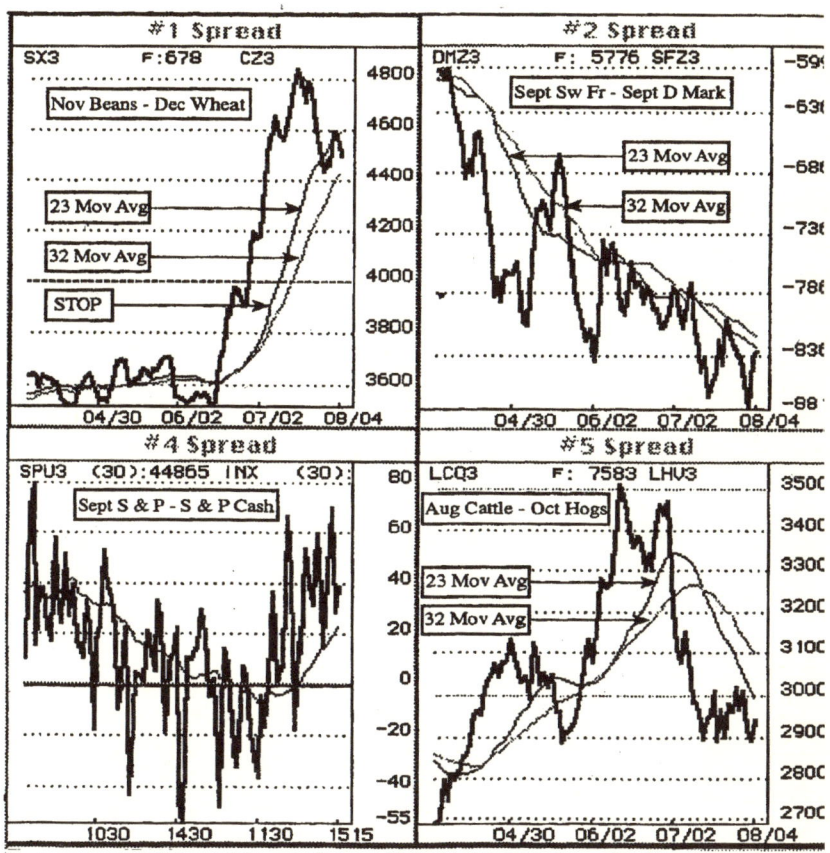

Chart courtesy of DCI Integrated Computer Systems utilizing Macintosh® trading workstations

Spread Charts mit gleitenden Durchschnitten

TRICK 9
Von Jahresanfang bis heute

Die meisten Trader kennen die Preise eines Rohstoffes von vor einem Jahr und von heute. Das liegt nicht daran, daß diese Leute besonders schlau sind, sondern daran, daß die Kurse am Floor angezeigt werden. Dies gibt den Tradern einen guten Einblick in den Markt und verhindert, daß sie von einer kurzfristigen Bewegung überrascht werden.

Wenn ein Jahreshoch überboten oder ein Jahrestief unterboten wird, gehen die Trader mit dem Trend. Vergessen Sie alles, was Sie jemals über Widerstände und Unterstützungen gelernt haben, wenn es um das Über- oder Unterschreiten des Jahreshochs oder -tiefs geht. Legen Sie sich nicht mit dem Floor an. Die Welt ist voll von Leuten, die dachten, mit Erreichen des Jahreshochs oder -tiefs sei die Bewegung vorbei. Dies ist aber meist nicht der Fall. Wie wichtig diese Zahlen sind, mag späteren Generationen von Tradern vielleicht nicht einleuchten. Aber sie werden es lernen - schauen Sie sich nur die enorme Aufwärtsbewegung 1993 in den Bonds an, oder die der Sojabohne.

Glauben Sie bloß nicht, daß ein Markt, wenn er unterhalb der Herstellungskosten notiert, wieder auf mindestens dieses Level steigen muß. Der Markt kann Veränderungen in der Technologie, geringere Herstellungskosten, staatliche Subventionen oder Lagerverkäufe vorwegnehmen. Aber auch das Gegenteil ist möglich.

TRICK 10
Spread Trader wissen, worauf sie achten müssen

Lesen Sie folgenden Satz. Zählen Sie die Anzahl an F's.

Zählen Sie sie nur einmal und gehen Sie nicht zurück.

FINISHED FILES ARE THE RESULT OF YEARS OF SCIENTIFIC STUDY COMBINED WITH THE EXPERIENCE OF YEARS.

Wieviel F's haben Sie gefunden?

Haben Sie „OF" als ein Wort gezählt?

Haben Sie weniger als 6 F's gezählt?

Schauen Sie sich den Satz nochmals an.

Haben Sie ein Wort mit F vergessen?

Spread Trader halten immer Ausschau nach Zusammenhängen. Wie bereits erwähnt, kaufen sie feste Märkte und verkaufen schwache.

Grundarten von Spreads

Der Interdelivery oder Intramarket Spread
Diesen Spread werden Sie wohl am häufigsten handeln. Hierbei kaufen und verkaufen Sie einen Kontrakt desselben Futures, jedoch in unterschiedlichen Handelsmonaten.

Der Intercommodity Spread
Hierbei werden zwei unterschiedliche, jedoch miteinander verwandte Futures ge- und verkauft.

Nur weil es sich um eine ähnliche Ware handelt, heißt das noch lange nicht, daß auch deren Kursbewegung ähnlich sein muß. Rinder und Schweine gehören beide zu den Fleischmärkten, Schweinezüchter sehen sich jedoch einer völlig anderen Angebots- und Nachfragesituation gegenüber. Überlegen Sie, warum Sie einen Intercommodity Spread eingehen wollen und ob dieser Spread auch anerkannt ist. Die Tendenz, T-Bonds gegen Sojabohne zu handeln, ist nur Ausdruck eines neuen Zeitgeistes, bei dem gelangweilte Börsenfreaks an ihrem Computer herumspielen und unzählige Variationsmöglichkeiten durchprobieren. Fallen Sie auf keine Spreads rein, die keinen Sinn ergeben.

Die Profis kennen die Risiken beim Handel mit Terminkontrakten und handeln daher Spreads, um die Vorteile auf ihrer Seite zu haben. Pit-Trader müssen oft einen Trade übernehmen, den sie nicht wollen. Es kann sein, daß sie Sojabohne kaufen müssen, obwohl sie wissen, daß der Preis fallen wird. Ihre Aufgabe ist es, die Gegenseite eines Trades zu übernehmen, den die Masse handelt. Sie jedoch sind nicht gezwungen, die Gegenseite eines Trades zu übernehmen. Spreads sind ein Bereich, wo Sie historische Daten für Ihren eigenen Gebrauch nutzen.

Auch wenn Sie noch nie einen Intercommodity Spread gehandelt haben, versuchen Sie die verschiedenen Beziehungen im Blick zu behalten.

Haltekosten

Haltekosten sind die Kosten, die anfallen, um ein Produkt auch in der Zukunft verfügbar zu haben. Zum Beispiel wird Juli Mais oft bis in den Dezember hinein gelagert. Die Haltekosten setzen sich aus drei Grundkosten zusammen: Lagerung, Transport und Finanzierung.

Haltekosten sind für den Trader wichtig, denn durch sie wird das Verhältnis der aktuellen Kurse zu den Kursen in der Zukunft bestimmt. Der Kurs „JETZT" wird „SPOT"-Preis genannt. Deshalb bestimmen die Haltekosten sowohl den Kurs zwischen Spot und Terminkontrakt wie auch zwischen den Terminkontrakten mit unterschiedlicher Laufzeit. Die bedeutendste Veränderung in den Terminmärkten entsteht bei den Finanzierungskosten. Das heißt, wenn Gold US$ 400,00 pro Unze kostet und die Finanzierungskosten 1% im Monat betragen, ergibt sich eine finanzielle Belastung von US$ 4,00 je Monat (1 Prozent x $ 400,00). Daran können Sie leicht erkennen, welchen Einfluß eine Veränderung im Zinssatz auf die jeweiligen Haltekosten hat.

Risikobegrenzung

Es gibt Spreads mit Optionen, bei denen Sie den Verlustbetrag begrenzen können. Jeder Typ von Spread hat jedoch seine theoretische Grenze, an die er maximal gehen kann. Wenn er vernünftig plaziert wurde, läßt sich das Verlustpotential gut einschätzen. Das ist das Konzept, das wir unter Risikobegrenzung verstehen.

Lassen Sie sich Bid und Offer geben, bevor Sie einen Auftrag für einen Spread erteilen. So haben Sie eine Ahnung, wo der Spread aktuell gehandelt wird. An der Chicago Board of Trade werden Spreadkurse neben den Kurstafeln der gehandelten Waren angezeigt. Bitte ziehen Sie nicht die beiden Kurse voneinander ab, um den Preis des Spreads zu ermitteln.

Wenn Sie Ihren Spread gekauft haben, sind die Chancen groß, daß Sie zunächst keinen Gewinn machen, da der Floor seinen Vorteil ausnutzt, wenn er Ihren Auftrag ausführt. Und da sich Spreads gegenüber den reinen Terminkontrakten langsamer bewegen, kann es Stunden, Tage oder Wochen dauern, bis Sie Gewinne machen. Sie können immer den BID/ASK ignorieren und Ihrem Broker ein Limit für Ihren Spread geben. Auf diese Weise können Sie abwarten, bis sich der Preis nach Ihren Vorstellungen bewegt. Es gibt jedoch keine Garantie dafür, daß das eintritt.

Machmal ist die beste Möglichkeit einen Spread einzugehen, die, das Limit zwischen Bid und Ask zu setzen. Wenn das Bid 6 und der Ask 7 sind, geben Sie ein Limit bei 6.50 oder 6.25.

Der Kurs des aktuellen Handelsmonats liegt für gewöhnlich unter dem der entfernteren Monate. Dies liegt an den Haltekosten: die Kosten für Lagerung, Zinsen und Versicherung.

Um die Marktzusammenhänge zu verstehen, ist es wichtig, daß Sie wissen, daß der Kurs des Terminkontraktes bei Annäherung an den Verfall die Tendenz hat, sich dem Kassakurs anzupassen. Denken Sie daran, daß auch für den Fall, daß einige Kontrakte nicht angedient werden, sie doch in Wirklichkeit einen realen Warenwert darstellen, der häufig nicht derselbe ist wie der des Futures. Ein Grund dafür kann sein, daß geographische Unterschiede im Angebot existieren. Das kann an Transportproblemen oder an Problemen bei der verfügbaren Lagerfläche liegen. Das ist der Grund, warum Futures-Trader manchmal verwirrt sind, wenn ein Unterschied zwischen dem Kassakurs und dem Kurs des Terminkontraktes entsteht, von denen sie erwarten, daß sie gleich sein sollten. Die kommerziellen Anleger und die Hedger* erkennen diesen Unterschied zwischen Kasse und Futures, während Sie die Spreads traden.

Viele der Ideen, die wir Ihnen hier präsentieren, beruhen auf dem Verhalten der Kurse des Kassa- und des Terminkontraktes bis zum Zeitpunkt der Andienung. Sie sollten wissen, daß Händler historische Daten aufbewahren, die ihnen helfen sollen, aus Unregelmäßigkeiten in den Märkten ihren Nutzen zu ziehen und Entscheidungen zu treffen, wann sie die Kassamärkte kaufen und verkaufen sollen.

TRICK 11
Die Guten ins Töpfchen, die Schlechten ins Kröpfchen

Laut Kapitän Nemo: *Do not diddle in the middle.* Dies ist eine alte Redensart unter den Rinder-Händlern. Rinder zu Preisen über $ 80 zu verkaufen und so um die $ 65 zu kaufen, hat sich als recht profitabel erwiesen. Zwar findet der Handel mit Rindern nur bei wenigen Spekulanten Beachtung, die genannte Regel sollte man sich jedoch ins Gedächtnis rufen, wenn sich ein Trend entwickelt hat. Diese Redensart gilt auch für andere Märkte und sei es nur, Sie vor einem Seitwärtsmarkt zu bewahren. Meine pedantischen Mitarbeiter beim Research belegen Ihnen auf 7 Seiten, warum es vorteilhaft ist, bei Kurseinbrüchen zu kaufen und bei Rallies zu verkaufen.

Trades bei Kursausbrüchen
Eines der größten Probleme ist es zu entscheiden, ob man eine Position eingeht, wenn der Markt für einen läuft, oder ob man auf eine Reaktion warten soll. Trader die ich kenne, springen gerne auf den fahrenden Zug auf. Sie warten, bis sich der Preis für Rinder 50 Punkte vom letzten Tief erholt hat und kaufen dann. Sie warten, bis die Sojabohne sieben Cent über dem Tief gehandelt wird, und kaufen dann. Je extremer das Tief oder das Hoch war, desto besser für den Trader.

Am 17. Juni 1993 eröffnete die Sojabohne neun Cent höher, nachdem sie fast die ganze Woche schwächer tendiert hatte. Seit dem Tief des Novemberkontraktes bei 589 war dies der erste Tag mit einer positiven Kursentwicklung. Nach diesem ersten Kursausbruch stieg die Bohne bis Börsenschluß um weitere acht Cent.

Zur Zeit sind die Fleischmärkte an der Chicago Mercantile Exchange bei den Anlegern nicht sehr gefragt. Diese Märkte reagieren weitaus weniger auf plötzliche Ereignisse in Europa oder auf politische Einflüsse. Während Sie bei den

Währungen eine Achterbahnfahrt erleben können, sind die technischen und fundamentalen Indikatoren bei den Fleischmärkten wesentlich stabiler.

TRICK 12
Kaufen Sie „Springer" und verkaufen Sie „Kriecher"

Ein Markt, der sich langsam nach oben bewegt, bietet eine gute Kaufchance. Ein schnell steigender Markt bietet gute Verkaufchancen. Praktisch gesehen, boten 1993 der Aktienmarkt und der Bondmarkt die besten Beispiele für Märkte, die sich nur langsam nach oben bewegten. Im selben Jahr zeigte die Handelsspanne bei der Sojabohne ein Beispiel für einen Markt mit sprunghafter Kursentwicklung. Der Grund hinter obiger Redensart liegt an einem überreagierenden Markt in Verbindung mit übereifrigen Anlegern.

TRICK 13
%K Daytrade

Dies ist eine Taktik, die von Nicht-Floor Tradern in den Währungen und dem S&P angewendet wird. Sie werden feststellen, daß der Erfolg dieser Taktik darauf beruht, daß Sie den stündlichen Trend analysieren, anstatt antizyklisch zu handeln. Sie benötigen einen Computer für diese technische Analyse.

1. Warten Sie mindestens zwei Stunden nach Handelsbeginn, bevor Sie anfangen. Haben Sie Geduld. Stellen Sie sich nöti-

genfalls einen Wecker.

2. Warten Sie nach dieser Zeitspanne auf ein neues Hoch oder Tief.

3. Vergewissern Sie sich, daß keine Veröffentlichungen von Regierungsberichten bevorstehen.

4. Wenn Sie einen Computer haben, stellen Sie einen 7 Minuten Chart ein.

5. Verwenden Sie Ihren Computer und kaufen Sie, wenn %K die 20 berührt und dann wieder nach oben geht.

6. Verkaufen Sie, wenn %K über die 80 geht und dann darunter fällt.

Diese Technik ist eine Abwandlung von Kane's %K Hook, die in der Mai Ausgabe 1991 des *Technical Traders Bulletin* vorgestellt wurde. Probieren Sie sie aus, beachten Sie aber, daß Sie in Richtung des Trends handeln. Wenn der Trade mehr als 40 Minuten gegen Sie läuft, liquidieren Sie die Position.

TRICK 14
Falsche Kursausbrüche sind ausgezeichnete Trades

Wenn in einem sehr liquiden Markt an drei aufeinanderfolgenden Tagen die Kurse steigen, verkaufen die Floor-Trader gerne am darauffolgenden Tag, falls der Markt höher eröffnet. Für gewöhnlich kaufen dann nämlich Leute mit schlechter Kapitaldecke, die einen Kursausbruch sehen, weil sie an der Rallye teilhaben wollen. Seien Sie in solchen Fällen auf der Seite der Floor-Trader.

Toby Crabel, der im *Technical Traders Bulletin* schreibt, hat diese Art von Trades untersucht. „Bei den Kursmustern fange ich grundsätzlich erst ab einem 3-Tages-Muster an. Sie brauchen drei Informationen von drei Handelstagen:

1. Der Schlußkurs vor zwei Tagen ist größer als derjenige vor drei Tagen. (+)

2. Der gestrige Schlußkurs ist höher als derjenige vor zwei Tagen. (+)

3. Die heutige Eröffnung ist höher als der gestrige Schlußkurs. (+) "

Bei diesem Kursmuster ist der Markt anfällig für einen Ausverkauf. Wenn die Kurse derart gestiegen sind, folgt auf die Eröffnung meist ein Kursverfall. Mr. Crabel weist darauf hin, daß sich der Markt nach einer dreitägigen Kursbewegung in eine Richtung in einem kurzfristig überkauften oder überverkauften Bereich befindet. Er weiß, daß es eines enormen Drucks bedarf, einen Markt drei Tage lang in eine Richtung zu bewegen.

Wenn Sie also das nächste Mal nach einem dreitägigen Kursanstieg eine höhere Eröffnung bemerken, sollten Sie vielleicht an diesen Trick denken. Aber vergessen Sie nicht, einen Stop zu setzen, und achten Sie darauf, daß keine Berichte veröffentlicht werden.

TRICK 15
Point and Figure Charts ... Bewährtes bei Daytrades

Es gibt viele Handelstechniken. Eine der populärsten ist ein einfacher Point and Figure-Chart. Der ist so beliebt, daß an die

Floor-Trader kostenlos Millimeterpapier ausgegeben wird. Ich muß mich sehr wundern, wieviele Trader sich angesichts der vielen ungeprüften Indikatoren immer noch weigern, diese Technik in Betracht zu ziehen. Der Vorteil von Point and Figure ist, daß diese Technik eine ganze Menge „Hitze" aus dem Markt nimmt. Bei Bonds gewöhnlich vier bis sechs Ticks.

Es ist recht einfach, einen Point und Figure-Chart zu erstellen. Bei einem Preisanstieg wird ein X eingezeichnet. Je weiter der Kurs steigt, desto mehr Xe werden in dieselbe Spalte eingetragen. Wenn die Kurse fallen, zeichnet man O's ein. Auf diese Weise entsteht ein Chart aus verschiedenen Spalten mit X und O.

Sie möchten vielleicht Ihr eigenes Handelssystem entwickeln. Dann müssen Sie jedoch den Umkehrpunkt oder die Anzahl der O's festlegen. Die wichtigste Eigenschaft am Point and Figure-Chart ist, daß Sie einen langfristigen Trend leicht erkennen können. Es ist auch nicht ungewöhnlich, Pivot Points in einen Point and Figure Chart einzuzeichnen.

Einen Point and Figure-Chart können Sie relativ einfach erstellen. Die Schwierigkeit besteht darin, die richtige Kästchengröße und Anzahl der Kästchen für eine Umkehr zu finden. Hier sind einige Vorschläge:

		Umkehr
Mais	1	3
Sojabohne	3	6
Bonds	4/32	13/32
Schw. Franken	15	45
Gold	25	75
Schweine	20	65
Weizen	4	6
Jap. Yen	12	50

Amos Cohen, der die Point and Figure-Chart Technik an der Chicago Mercantile Exchange lehrt, sieht in der Auf-und-Ab-Bewegung bei Point and Figure einen tieferen Sinn:

Jede Umkehr in einem Point and Figure-Chart spiegelt die Schwankungen von Hoffnung und Angst derer wider, die das Risiko eines Trades eingegangen sind. Wie kommt es dazu? Durch Spreads, Gerüchte, falsch interpretierte Kursmuster. Dieses Auf und Ab verursacht die Ausschläge des Point and Figure-Charts und mißt den Prozeß der Risikoübertragung. Je mehr Ausschläge es gibt, desto mehr Zeit und Geld muß in den Markt reinvestiert werden, um die tapferen Bären aufzurütteln und die ängstlichen Bullen anzulocken. Auf jeden gierigen Bullen oder ängstlichen Bären, der sich eindecken möchte, kommt einer, der dabei die Fäden zieht und eine Position auf fallende Kurse eingeht. Diese Art von Panikverkäufen gilt als Maßstab für die kommende Bewegung.

TRICK 16
Die beste Money Management-Technik für das Daytrading

Zuerst berechnen Sie den Geldwert je Kontrakt zwischen Ihrem Einstiegs- und Stopkurs. Achten Sie darauf, daß der Stopkurs vernünftig gesetzt wurde.

Wenn der Stop mehr als 2 Prozent Ihres Depotwertes auffressen würde, handeln Sie diesen Markt nicht. Er ist zu volatil für Ihr Portfolio. Wenn Ihr System keine Trendumkehr anzeigt, bevor 5 Prozent des Depotwertes verloren sind, legen Sie sich ein anderes System zu, handeln Sie weniger Kontrakte oder sichern Sie sich mit Spreads oder Optionen ab.

Und schlußendlich reagieren Sie auf Marktbewegungen und lassen Sie sich nicht durch Ihre finanziellen Möglichkeiten Entscheidungen aufzwingen, wann Sie handeln und wann nicht. Lernen Sie, eine gute Gelegenheit zu erkennen.

Denken Sie an den Spruch: „Das Baby braucht neue Schuhe."
Das hört man oft beim Würfelspiel „Craps", bevor die Würfel geworfen werden. Traden Sie, weil Sie neue Designerturnschuhe brauchen?

Halten Sie Ihr Pulver trocken.

1. Eröffnen Sie ein Konto mit so wenig Geld wie möglich.

2. Stecken Sie restliches Geld in ein Festgeldkonto oder einen Investmentfonds, bei dem Sie Dividende bekommen.

TRICK 17
Neals Trick der Trendbestimmung - (Was Floor-Trader machen)

Bevor Sie mit dem Handel anfangen, ist es wichtig, daß Sie den Tages- und den kurzfristigen Trend ermitteln. Nehmen wir an, heute ist Freitag und die Märkte haben geschlossen. Das Hoch, das Tief und den Schlußkurs der letzten sieben Tage zusammen mit dem Pivot Point sehen Sie hier:

Do.	Fr.	Mo.	Di.	Mi.	Do.	Fr.
Hoch	Hoch	Hoch	Hoch	Hoch	Hoch	Hoch
50	65	45	20	20	25	35
Tief	Tief	Tief	Tief	Tief	Tief	Tief
30	40	25	10	5	15	15
Schluß	Schluß	Schluß	Schluß	Schluß	Schluß	Schluß
40	45	35	15	5	20	25
Pivot	**Pivot**	**Pivot**	**Pivot**	**Pivot**	**Pivot**	**Pivot**
40	50	35	15	10	20	25

Berechnung des Pivot Point: (Hoch+Tief+Schlußkurs) / 3

Achten Sie darauf, daß Sie das Konzept des Pivot Point verstehen. Es ist eine Schlüsselzahl für den Kauf und Verkauf. Eine noch kompaktere Möglichkeit mit Pivot Points zu arbeiten erreicht man, wenn man einen Durchschnitt direkt aus den Pivot Points erstellt.

TRICK 18
Trend-Taktiken 3x1 und 7x5

Aufgrund unserer Erfahrung halten wir Zeitabschnitte von drei und sieben Tagen für optimal. Je nach Markt, den Sie handeln, und Ihrem eigenen Stil, mögen Sie andere Intervalle bevorzugen. Solange Sie konstant bei der Anwendung bleiben, ermutigen wir Sie dazu, auch andere Zeitintervalle auszuprobieren, bis Sie diejenigen finden, die am besten zu Ihrem Trading passen. Zurück zu unserem Beispiel: Den ersten 3-Tage gleitenden Durchschnitt können wir am Montag errechnen. Dies ist der erste Tag, an dem genug historische Informationen zur Verfügung stehen.

Nach Marktschluß am Montag haben wir die Pivot Points der letzten drei Tage: 40, 50 und 35. Der Durchschnitt dieser drei Zahlen ergibt aufgerundet 42. Denken Sie daran, daß wir alle drei Zahlen durch 3 geteilt haben. Am nächsten Tag, am Dienstag, ergeben die drei Werte 50, 35 und 15 einen Durchschnitt von 33,33. Die 3x1-Werte der nächsten Tage werden nach dem gleichen Schema ermittelt.

Tag	Do.	Fr.	Mo.	Di.	Mi.	Do.	Fr.
Hoch	50	65	45	20	20	25	35
Tief	30	40	25	10	5	15	15
Schluß	40	45	35	15	5	20	25
Pivot	40	50	35	15	10	20	25
3x1=		42	33	20	15	18	
7x5=							25

Dies ist die Aufstellung inklusive der 3x1-Zahlen. Zur Erinnerung: Die 3x1-Zahlen sind ein 3-Tages Durchschnitt, der jeden Tag aktualisiert wird. Beachten Sie, daß bei 7x5 das Hoch, Tief und der Schlußkurs vom Wochenschluß genommen und durch drei geteilt werden. Die Berechnung erfolgt nur einmal wöchentlich. Wenn der tägliche Pivot Point über dem 3x1 oder 7x5 liegt und der Markt am Hoch schließt, wird der Trend als steigend angesehen, auch dann, wenn der Schlußkurs unter der Eröffnung liegen sollte. Sinngemäß deutet ein Pivot Point unter 3x1 oder 7x5 und bei Schlußkursen am Tief auf einen fallenden Trend hin. In den seltenen Fällen, in denen die Märkte am Hoch oder Tief schließen, zählt dies mehr, als das Verhältnis von Eröffnung zum Schlußkurs.

Der Sinn hinter diesen Methoden ist, die tägliche Schwankung der Pivot Points zu glätten und ein Gespür für den Trend zu entwickeln. In der obigen Aufstellung ist der Pivot Point von Montag bis Mittwoch unterhalb der 3x1-Zahl. Dies deutet auf einen fallenden Markt hin. Demgegenüber steigt danach der Pivot Point über die 3x1-Zahl, was auf eine Trendumkehr und einen steigenden Markt schließen läßt. Der Pivot Point am Freitag ist auf Höhe der 7x5-Zahl und zeigt damit an, daß sich der Markt nicht in einer extremen Bewegung befindet, sondern sich eher im Normalbereich bewegt.

Hier die gleichen Schlußfolgerungen wie vorher, nur diesmal lauten sie:

Tägl. Pivot	wenn obiges nicht anwendbar	trendloser Markt
Wöchentlich	Wöchentl. Pivot > 7x5 und	
	Wochenschluß > Wocheneröffnung oder	
	Wochenschluß = Trend Wochenhoch	Aufwärtstrend
	Wöchentl. Pivot < 7x5 und	
	Wochenschluß < Wocheneröffnung oder	
	Wochenschluß = Trend Wochentief	Abwärtstrend
	Wenn obere Berechnung nicht anwendbar	trendlos

TRICK 19
Weintraub Daytrade Trick

Wenn sich der Markt in einem Aufwärtstrend befindet und die Zahlen von Trick 18 über dem Pivot liegen, sollten Sie massiv kaufen. Sie müssen jedoch aufpassen, was am Markt passiert und können sich nicht nur auf Formeln verlassen. Deshalb verwende ich in volatilen Märkten den Pivot V = (Hoch + Tief + Schlußkurs + Eröffnung) / 4. Das „V" steht für volatil. Sie verwenden also vier Zahlen, um den durchschnittlichen Pivot zu berechnen; Sie müssen allerdings den aktuellen Eröffnungskurs abwarten.

Hoch + Tief + Schlußkurs + Eröffnung) / 4 = PIVOT V

- **Nur bei volatilen Märkten anwenden.**

- **Hauptsächlich bei Day Trades anwenden.**

- **Anwendung beim Handel von Währungen (der Eröffnungskurs ist der des aktuellen Handelstages, Hoch, Tief und Schlußkurs sind vom Vortag).**

- **Anwendung bei Eröffnungen mit einer Kurslücke.**

Betrachten Sie die Pivotzahl als eine Art Wendepunkt: Kurse darüber sind bullish, Kurse darunter bearish. Die vier Zahlen für den Widerstand und die Unterstützung, die jeden Tag per Fax oder elektronisch versendet werden, können als äußere Trading-Bänder angesehen werden.

Hier nun die Formeln der vier Werte für Unterstützung und Widerstand. Beachten Sie, daß die Formeln für Durchschnitt und Unterstützung identisch sind.

Name	Formel	Kommentar
Pivot (Durchschnitt)	(Hoch + Tief + Schlußkurs) / 3 (Hoch + Tief + Schlußkurs + Eröffnung) / 4	Eröffnung hinzufügen (Durchschnitt)
1. Widerstand	2 x Durchschnitt - Tief	Hält für gewöhnlich nicht
1. Unterstützung	2 x Durchschnitt - Hoch	Hier kauft die Masse
2. Widerstand	Durchschnitt - (nächstes Tief + nächstes Hoch)	Möglicher Ausbruch (nächstes Tief als 1. Unterstützung)
2. Unterstützung	Durchschnitt - (nächstes Hoch - nächstes Tief)	Achten Sie auf einen Ausbruch (nächstes Hoch als 1. Widerstand)

Warum Gewinne mit Pivots nicht so einfach sind

Wir haben ja schon über die Bedeutung des Pivot Point-Durchschnitts gesprochen. Ich möchte nochmals darauf hinweisen, daß, obwohl diese Zahlen sehr hilfreich bei der Analyse des täglichen Kauf- und Verkaufdrucks sind, bei sehr volatilen Märkten starke Schwankungen auftreten können. Da Sie nur für jeweils einen Tag den Nutzen aus diesen Zahlen ziehen können, ist ein direkter Vergleich mit längeren Zeitperioden nicht möglich.

Die gleitenden Durchschnitte dienen zur Glättung der täglichen Schwankung der Pivot Points und helfen bei der Trendbestimmung. Wenn die Pivot Points über den gleitenden Durchschnitten liegen, weist dies auf einen steigenden Markt hin (Aufwärtstrend); dementsprechend deuten Pivot

Points unter den Durchschnitten auf einen fallenden Markt hin (Abwärtstrend).

Die Idee hinter der Verwendung von gleitenden Durchschnitten ist die Wahrscheinlichkeit, daß sich ein einmal etablierter Trend eher fortsetzt als dreht. Deshalb resultieren Trades, die in Richtung des gleitenden Durchschnitts eingegangen werden, in einem Kauf bei Stärke und einem Verkauf bei Schwäche.

Die Vorteile der Verwendung von gleitenden Durchschnitten bei der Auswahl der Trades:

(a) Eine Trendfolgetechnik ist von ihrer Art her objektiv. Sie kann getestet und optimiert werden, um das bestmögliche Ergebnis zu erzielen.

(b) Die Ein- und Ausstiegspunkte sind fest definiert und lassen kaum Spielraum für Unsicherheit.

(c) Bei der Verwendung eines Trendfolgesystems ist es ausgeschlossen, bei einer größeren Bewegung nicht dabei zu sein.

Die Nachteile (oder was Ihnen Trader nicht sagen):

(a) Starke Auf- und Abwärtsbewegungen sind häufig und unvermeidbar und alle Signale, die sich darauf beziehen, kommen naturgemäß zu spät. Sie müssen deshalb mit einem 20-Minuten-Durchschnitt arbeiten.

(b) Große Stückzahlen an Kaufpositionen werden im oberen Schwankungsbereich eingegangen, Verkaufspositionen im unteren Bereich. Da sich Märkte die meiste Zeit in einer gewissen Bandbreite bewegen, scheint es einleuchtend, daß dann weniger als die Hälfte der Trades gewinnbringend sein werden. „Regeln", die Sie für den einen Markt aufgestellt haben, funktionieren nicht in einem anderen Markt und zum Teil nicht mal in demselben Markt bei Verwendung anderer Zeiteinstellungen. Sie können versuchen, diese Regeln auf die

Volatilität anzuwenden, aber die Volatilität vorauszusagen ist ebenso schwierig wie jede andere Voraussage.

Jetzt kennen Sie die Grundtechniken, für die jeder Trader in Chicago $ 800 zahlt, um sie zu erlernen.

Diese Techniken sind für Computer oder per Fax erhältlich von Coz & Associates unter 708-816-0798 oder Vista Trading unter 404-565-3377.

Die 20 Minuten Daytrading-Regel

Wenn Sie bei einem Daytrade während der ersten 20 Minuten keinen Gewinn erzielt haben und die Kurse sich langsam von Ihrem Einstiegskurs wegbewegen - liquidieren Sie Ihre Position zum Anfang der dritten 20 Minuten-Periode.

Ein Hoch ist ein Hoch und ein Tief ist ein Tief, da zu diesen Kursen die geringste Handelsaktivität stattfand. Weiterhin ist der *Weintraub Day Trader* so populär, weil die notwendigen Informationen leicht von den Börsen zu erhalten sind. Im echten Tradingeinsatz werden die Zahlen berechnet, nachdem der Markt eröffnet hat und das gestrige Hoch und Tief heute innerhalb der ersten 30-minütigen Handelszeit nicht über- bzw. unterschritten wurde.

TRICK 20
Trader haben ihren eigenen Börsenbrief

Nur weil ein Börsenbriefschreiber kluge Ratschläge gibt, heißt daß noch lange nicht, daß professionelle Trader dem auch Glauben schenken. Zuallererst ermittelt der Trader die Glaubwürdigkeit des Schreibers. Kann er belegen, daß nach seinen Anweisungen auch tatsächlich gehandelt wurde? Floor Trader bekommen vom *Hubert Newsletter* für gewöhnlich eine Bewertung der Börsenbriefe. Es gibt zwar manchmal Meinungsverschiedenheiten bei der Frage, wer der Beste sei, bei folgenden Börsenbriefe tun die Trader jedoch genau das Gegenteil von dem, was die Schreiber empfehlen: *Your Window into the Future; The Granville Market Letter; The Wall Street Letter; The Dines Letter; The Option Advisor; Commodity Trend Service;* die meisten 900er Nummern*; Ken Roberts Chart-und Telefon-Service; und jeden, der die Adressen seiner Abonnenten verkauft.

*(Anmerkung des Übersetzers: die 900er Telefonnummern in Amerika entsprechen unseren 0190-Nummern)

Man findet immer wieder Börsenbriefe, die von Laien geschrieben werden. Achten Sie auf einen unerschrockenen, mutigen Stil, bei dem auch einfachste Handelsideen mit viel Pomp angekündigt werden. Diese Schreiber sind nichts weiter als Betrüger und ihre wertlosen Ideen sind nichts anderes als abgedroschen, banal und ärgerlich.

Bei Goldenberg-Heymeyer investiert unser Börsenbriefschreiber und Analyst Bob Lekberg über 10 Stunden täglich für seine Kommentare zum Getreidemarkt. Sie basieren nicht auf Computersignalen oder gleitenden Durchschnitten, sondern auf Nachforschungen, Analysen und sorgfältigen Untersuchungen. Bob's Brief ist bei den Getreidehändlern hoch angesehen und wird an Trader und Getreidebauern gefaxt. Zudem ist er für Kunden von Goldenberg-Heymeyer kostenlos. Ein weiterer kostenloser Börsenbrief wird von der amerikanischen Notenbank, der Federal Reserve Bank, angeboten. Nein, nicht alles, was von der Fed kommt, ist trocken und akademisch. Sie wären über die Einblicke und Sensibilität der Fed überrascht. Kürzlich berichtete die Federal Reserve Bank von Cleveland:

Durch wirtschaftliche Einflüsse werden die Leute materiell immer selbstzufriedener. In Hinblick auf die Kaufkraft des

Durchschnitts-Amerikaners kann man nicht leugnen, daß wir ein wohlhabender Staat geworden sind. Für viele von uns hat dieser Wohlstand in vielerlei Hinsicht die Lebensqualität verbessert. Dennoch existiert die Einsicht, daß sich die Gesellschaft mehr und mehr entfremdet. Wohlstand kann auf verschiedene Arten gemessen werden und so erscheint die Möglichkeit weiterer Verbesserungen in manchen Bereichen deutlich.

Am besten bekommt Sie einen Überblick über die angebotenen Börsenbriefe, wenn Sie ein 4-Wochen-Probeabo der Firma Consensus, Inc. für $ 25 bestellen. Dann können Sie in kürzester Zeit richtige Analysten von billigen Technikern unterscheiden.

TRICK 21
Wie ein Vampir an einem Baby

Ich erhalte recht oft Mitteilungen von John Cruz bei Spike Trading über die nächste Marktbewegung in den Währungen. John ist bekannt als „Der Graf". Ich bin mir nicht sicher, ob es daran liegt, daß er die ganze Nacht auf ist, oder daran, daß es in seinem Arbeitszimmer ausschaut wie in einem Dracula-Film. John kam aus der Bronx nach Chicago. Dem „Cruzer" zufolge erkennen Währungshändler ein Markthoch daran, daß nach einem neuen Hoch drei aufeinanderfolgende tiefere Tiefs folgen. „Warten Sie nicht darauf, daß der Markt nach oben ausbricht", merkt John an. „Wenn Sie das tun, dann bin ich wie ein Vampir an einem Baby." In der Sprache der Trader bedeutet das, wenn Sie dann noch im Markt sind, dann sind Sie Johns nächstes Opfer.

Eine andere Möglichkeit, eines von Johns Opfern zu werden, ist es, wenn Sie vergessen, daß auch an Feiertagen die Finanzmärkte geöffnet sind. Und während Sie vielleicht gerade ausspannen, haben einige Brokerfirmen geöffnet und traden. Am Morgen des 4. Juli bekam ich einen Anruf von Ivana Bozjak von der Chicago Board of Trade. Sie konnte mir nicht nur Auskunft über die aktuellen Kurse geben, sondern auch Kauf- und Verkaufsaufträge für internationale Kunden entgegennehmen. Wenn also John Sie nicht erwischt, dann vielleicht Ivana.

Wollen Sie vermeiden, daß es Sie erwischt? Stellen Sie sicher, daß Sie rund um die Uhr Ihre Aufträge erteilen können. Warum? Weil Sie kein Indikator der Welt aus einem Markt bringen kann, wenn Sie Ihren Broker nicht erreichen können.

TRICK 22
Commodities Limit Down

Die Vergangenheit sagt nicht immer die Zukunft voraus. Aber ein starker Kurseinbruch im Aktienmarkt wird auch die Warenterminmärkte mit nach unten ziehen. Fondsmanager werden übereinandertrampeln, um die Notausgänge zu erreichen und die Pit-Trader werden Kaufangebote machen, die jenseits von Gut und Böse liegen. Achten Sie darauf, daß ich *Warenterminmärkte* sagte. Währungen und die Finanzterminmärkte dürften bei so einer Panik in die entgegengesetzte Richtung gehen.

In Krisenzeiten rennen die Leute nicht auf die Straße und kaufen Sojabohnen. Sie würden ausländische Währungen kaufen. Zudem wissen Trader, daß ein starker Kurseinbruch in den Warenterminmärkten über Nacht und vor allem über das Wochenende geschehen kann.

TRICK 23
Is' was, Doc? - Oder lassen Sie sich von Prozenten nicht irreführen

Doc Leonard, Berater und Akquisiteur für verschiedene Verwalter, stellte folgende Frage: Trader A hat letztes Jahr mit seinem Fonds 50% verloren. Dieses Jahr erzielte er 100% Gewinn. Trader B hat letztes Jahr 5% verloren und liegt dieses Jahr 25% vorne. Welcher der beiden Trader erzielte ein besseres Ergebnis? Von wem würden Sie Ihr Geld verwalten lassen? (Trader B hat die bessere Depotentwicklung.)

Seien Sie neben einer gesunden Skepsis gegenüber hohen Gewinnerwartungen auch vorsichtig, wenn Sie historische Handelsmodelle untersuchen. Jeder, der ein System entwickelt hat, das zu funktionieren scheint, müßte sich eigentlich zur Ruhe gesetzt haben. Das haben aber nur wenige. Machen Sie sich nichts vor. Die Gründe, warum die meisten Handelssysteme dem Test unter Realtime-Bedingungen nicht standhalten, liegen nicht an der Software, sondern üblicherweise an der Art ihres Einsatzes, dem finanziellen Rückhalt, Money Management, der Risikokontrolle und der Angst. Es ist nunmal etwas anderes, mit richtigem Geld zu handeln.

Doc hat auch Bemerkungen zu Trading-Wettbewerben und deren Siegern gemacht. Wettbewerbe und deren Gewinner können einen in die Irre führen. Kurz gesagt zählen nur der prozentuale Gewinn im Verhältnis zum eingesetzten Kapital, die benötigte Zeit, und ein oder mehrere Märkte, die man verfolgt. Die meisten Gewinner solcher Wettbewerbe, die dann anfingen, Geld zu verwalten, sind von der Bildfläche verschwunden.

Einige Broker sind bekannt dafür, daß sie für eine Depotentwicklung Reklame machen, die bei einem Wettbewerb erzielt worden ist, die nicht nachvollziehbar und ungeprüft ist oder die überoptimiert wurde. Einige behaupten sogar, daß eine einwöchige Depotentwicklung bereits genug sei, um ein

System zu bestätigen. Trader vermeiden diese Falle, indem sie ein CFTC/NFA Disclosure Document von dem Broker oder Verwalter anfordern.

Sogar mit einer langjährigen Erfahrung wie der von Doc, ist es nicht ausgeschlossen, daß man hinters Licht geführt wird. Floor-Trader werden ständig von Leuten verfolgt, die behaupten, ein Handelssystem gefunden zu haben. Für einen richtigen Test ohne echten Geldeinsatz schlage ich vor, die Aufträge über AUDITRACK zu geben. Es ist wie ein fiktiver Broker, Sie können nur kein Geld verlieren. Wenn Sie daran denken, Software zu kaufen, sagen Sie dem Verkäufer, er möchte Resultate von AUDITRACK mit beilegen. AUDITRACK erreichen Sie in Boca Raton, Florida.

Trader glauben nie an eine Depotentwicklung, außer, sie wurde von jemand anderem bestätigt.

TRICK 24
Was wünschen Sie?

Bevor Sie nicht wissen, welche Aufträge die Börsen akzeptieren, werden Sie weiterhin Geld verlieren, da Sie für Kauf und Verkauf nur Market Order plazieren. Mit mindestens 14 Variationen können Sie Ihre Chancen erhöhen (siehe Abbildung unten). Bitte beachten Sie, daß die Chicago Mercantile Exchange keine Market on Open-Aufträge akzeptiert. Da oft das Tageshoch oder -tief bei der Eröffnung entsteht, sollten Sie vielleicht Ihr Trading etwas mäßigen, wenn Sie an unterschiedlichen Börsen handeln. (Besonderen Dank an Jack Carl und Index, die mir die Aufstellung zur Verfügung gestellt haben.)

Bis der Computer an einigen Börsen Einzug gehalten hat, können Sie mit unglaublichen Zeitverzögerungen rechnen, denn die Floor-Broker werden mit Aufträgen überschüttet und es wird Stunden dauern, bis Sie Ihre Ausführung bekommen.

Types of Orders Accepted at Various Markets

Remember, many exchanges do not accept certain types of orders. Also, because any exchange may change its accepted orders from time to time without notice, it is wise to consult your order desk before placing unusual types of orders.

TYPE OF ORDER

EXCHANGE & COMMODITY	LMT Limit	MKT Market	MOO Market on Open Only	MOC Market on Close	FOK Fill or Kill	STP Stop	S/L Stop Limit	SWL Stop with Limit	SCO Stop Close Only	SLCO Stop Limit Close Only	MIT Market If Touched	OCO Order Cancel Order	OBCO Or Better Close Only	OBOO Or Better Open Only
CME Chicago Mercantile Exchange — All Markets	Yes	Yes	No	Yes	Yes	Yes	Yes	Yes	Yes	Yes*	Yes	Yes	Yes*	Yes*
CBOT Chicago Board of Trade — All Markets	Yes	Yes	Yes	Yes	Yes	Yes	No	No	No	No	No	No	No	No
COMEX Commodity Exchange Inc. — All Markets	Yes	Yes	No	Yes	Yes	Yes	Yes	Yes	Yes	No	Yes	MOC	Yes	No
NYMEX New York Mercantile Exchange — All Markets	Yes	Yes	No	Yes	Yes	Yes	Yes	Yes	Yes	No	Yes	Yes	Yes	No
NYCE New York Cotton Exchange														
Cotton	Yes	Yes	No	Yes	Yes	Yes	Yes*	Yes	Yes	No	Yes	Yes*	No	No
Orange Juice	Yes	Yes	No	Yes	Yes	Yes	Yes	Yes	Yes	No	Yes*	Yes	No	No
Dollar Index	Yes	Yes	No	Yes	Yes	Yes	Yes	Yes	Yes*	No	Yes	Yes*	No	No
CSCE Coffee, Sugar, Cocoa Exchange														
Coffee	Yes	Yes	No	Yes	Yes	Yes	Yes	Yes	Yes	No	Yes	Yes*	No	No
Sugar	Yes	Yes	Yes	Yes	Yes	Yes	Yes	Yes	Yes	No	Yes	Yes	No	No
Cocoa	Yes	Yes	Yes	Yes	Yes	Yes	Yes	Yes	Yes	No	Yes	Yes	No	No
NYFE New York Futures Exchange — All Markets	Yes	Yes	No	Yes	Yes	Yes	Yes	Yes	Yes	No	Yes	MOC	No	No
KCBT Kansas City Board of Trade														
Value Line	Yes	Yes	No	Yes	Yes	Yes	Yes	Yes	Yes	Yes	Yes	Yes	No	No
Wheat	Yes	Yes	No	Yes	Yes	Yes	Yes	Yes	Yes	Yes	Yes	Yes	No	No
MID-AM Mid-America Commodity Exchange — All Markets	Yes	Yes	No	Yes	Yes	Yes	No	No	Yes	No	No	Yes**	No	No

Information contained herein is from sources generally considered to be reliable, however, we make no guarantee, implied or explicit, as to its accuracy or completeness. Types of orders accepted at various commodity exchanges are subject to change without notice.

* NOT HELD ** NOT ON?

TRICK 25
Kein Vorteil, kein Handel

Floor-Trader verdienen ihr Geld mit dem Unterschied zwischen Bid und Ask. Das können je nach Marktaktivität ein oder auch 10 Ticks sein. Sobald sie einen Trade eingegangen sind, haben sie einen theoretischen Gewinn. Für gewöhnlich muß der Kurs, den Sie bei einer Limit-Order gegeben haben, über- bzw. unterschritten werden, damit Sie eine Ausführung bekommen. Jetzt addieren Sie noch Ihre Gebühren dazu und schon liegen Sie hinten. Sie denken, Sie sind ein Trader, aber für den Floor-Trader sind Sie nur ein einfacher Spekulant. Erkennen Sie Ihre Grenzen und nehmen Sie die Vorteile, die der Floor bietet, wahr. Diese Trader haben den Vorteil der Geschwindigkeit und ihrer Präsenz. Sie verbringen den ganzen Tag im Pit. Der kluge Trader weiß, daß der Kurs, den er am Monitor sieht, nicht der aktuelle Preis im Pit ist. Da der Handel in den Terminmärkten eine Auktion ist, bekommen die Trader, wenn Sie nicht am Floor sind, einen Geld- und einen Briefkurs, bevor sie einen Auftrag erteilen.

Wenn Sie auf Ihrem Monitor die Bonds bei 88-15 sehen und Sie 50 zum Markt (billigst) kaufen möchten, welchen Preis werden Sie wohl bekommen? Der Floor hat Sie nicht ausgetrickst. Ihre Informationen sind lediglich 10 Sekunden älter als die des Pits. Das hat nichts mit Ihrem Datenanbieter zu tun. Die Verzögerung entsteht durch die Zeit, in der der Kurs an die Dateneingabestelle weitergegeben wird.

Bleiben wir bei den Bondkursen. Wenn die Bonds auf 88-17 gehen, wissen Sie nicht, ob nur ein paar Locals ihre Shortpositionen eingedeckt haben, oder ob eine große Firma 1000 Kontrakte kauft und noch mehr haben möchte. Ihr Monitor zeigt Ihnen nicht, was da wirklich vor sich geht. Wenn Sie das verstanden haben, können Sie sich auf das Traden konzentrieren und schimpfen nicht auf „die" wegen schlechter Ausführungen.

TRICK 26
Wenn der Floor unter Preis verkauft

Das passiert nicht oft. Aber wenn Sie die weltbesten Ausführungen bekommen, zum Bid verkaufen und zum Ask kaufen, dann aufgepaßt - besonders, wenn der Markt nach oben schnellt.

Kürzlich war der Kurs der Sojabohne bei $6.06. Floor Trader verkauften bei $6.05. Das war ein sofortiger Gewinn von einem Penny. Da Trader nicht für ihre Großzügigkeit bekannt sind, hätte ich wissen müssen, daß ein Ausbruch bevorstand. Es kam, wie es kommen mußte, und aus meinem Gewinn von einem Penny wurde ein Verlust von drei Cents - noch ehe ich Sojabohne sagen konnte.

TRICK 27
Bevor Sie nach Süden schauen, blicken Sie gen Norden

Während einer meiner „Rohkostphasen" besuchte ich Penny Davis in Winnipeg, Manitoba. Schnell, wo ist Manitoba? Richtig, in Kanada. Während dieses Besuches lernte ich die Winnipeg Grain Exchange kennen und erfuhr einiges über die riesigen landwirtschaftlichen Anbauflächen dieser weitläufigen Provinz. Was ist daran so besonders? Lassen Sie uns das etwas näher betrachten.

Wenn unsere Märkte wegen eines Regierungsfeiertages geschlossen sind, sind die kanadischen Märkte geöffnet und extrem liquide. Tatsächlich könnte die ganze Welt handeln, während wir im Urlaub sind. Unglücklicherweise kümmern sich die wenigsten Datenanbieter darum, an diesen Tagen auch Daten anzubieten. Deshalb warten die meisten Trader bis Dienstag. Professionelle Trader mit Positionen im Markt warten nicht - sie handeln.

Kürzlich erwarteten die Getreidespekulanten Regen während der dreitägigen Memorial Day-Feiertage. Weiterer Regen, so dachten sie, hielte die Farmer vom säen ab, was eine verspätete Ernte zur Folge hätte. Als dann für Montag trockenes Wetter vorhergesagt wurde, wußten die Trader, daß am Dienstag in Chicago Sojabohne, Mais und Weizen abstürzen würden. Und das taten sie auch. Die Bohne verlor fast 27 Cents und Weizen 12 Cents.

Haben die professionellen Trader bis Dienstag gewartet? Keineswegs. Sie riefen ihre kanadischen Broker an, ließen sich die vorbörslichen Kurse geben und gingen Getreide an der Winnipeg Exchange short. Diejenigen, die bis Dienstag warteten, hatten das Nachsehen. Penny Davis ging zur Arbeit wie Millionen anderer Kanadier und vielleicht rief sie ihren Broker an, als sie erfuhr, daß die Masse in Chicago am Dienstag verkaufen wird.

Weitere Informationen über die Winnipeg Exchange bekommen Sie unter der Adresse 500-360 Main Street, Winnipeg, Manitoba, Canada R3C-3Z4.

In einer globalen Wirtschaft sind auch die Börsen weltweit miteinander verknüpft. Vermeiden Sie es, auf Ihren Broker und die Öffnung der Börse zu warten, während die ganze Welt handelt. In unseren Seminaren bringen wir den Teilnehmern bei, wie sie weltweit handeln können. Wenn unsere Teilnehmer es wissen, sollten Sie das auch.

TRICK 28
Die 90/10 Strategie

Die Chicago Board of Trade ist durch eine Brücke mit der Chicago Board Options Exchange verbunden. Die 90/10 Strategie ist für konservative Trader gedacht, die es in den Futures-Märkten lieber etwas ruhiger angehen lassen möchten. Sie müssen lediglich 10 Prozent ihres Kapitals in langlaufende Kaufoptionen stecken. Das restliche Geld wird in Geldmarktpapiere investiert. Das sind jedoch keine Terminkontrakte, sondern richtige Papiere, wie beispielsweise T-Bills. Der „Trick" liegt darin, daß Sie an einer Aufwärtsbewegung im Aktienmarkt profitieren, während Ihr Verlustrisiko, das sich noch um die Höhe der erhaltenen Zinsen verringert, auf die Optionsprämie beschränkt ist.

Lassen Sie mich aus dem Pamphlet Understanding Stock Options der CBOE zitieren:

> *Nehmen wir an, XYZ wird bei $60 pro Aktie gehandelt. Um 100 XYZ Aktien zu kaufen, müßte man $ 6.000 investieren, die voll dem Risiko eines Kursverfalls ausgesetzt sind. Bei der 90/10 Strategie würden Sie eine XYZ Kaufoption mit 6 Monaten Laufzeit kaufen. Bei einer angenommen Prämie von 6 würde die Option $ 600 kosten. Die restlichen $ 5.400 investieren Sie in T-Bills. Angenommen, Sie halten die Bills bis zum Ende der Laufzeit und der Zinssatz liegt bei 10 Prozent, wären das Zinseinnahmen von $ 270. Durch die eingenommenen Zinsen verringern sich die Kosten für die Option auf $ 330 ($ 600 Prämie minus $ 270 Zins).*

Optionen werden an folgenden Börsen gehandelt: American Stock Exchange, Chicago Board Options Exchange, New York Stock Exchange, Pacific Stock Exchange und der Philadelphia Stock Exchange. Es gibt unzählige Optionsstrategien unter Berücksichtigung von Zinseinnahmen. Sie sind es wert, untersucht zu werden.

Trader können diese Strategie auch bei fallenden Märkten anwenden. Kaufen Sie einfach Verkaufsoptionen anstelle von Kaufoptionen.

TRICK 29
UND DIE 80/20 STRATEGIE

Von jedem Dollar, den Sie durch das Traden verdienen, nehmen Sie 20 Cent und investieren sie in die sicherste Anlage, die Sie finden können und die nichts mit den Terminmärkten zu tun hat. Nach letzten Analysen sind es diese 20 Prozent über eine Dauer von 10 Jahren, die Ihren eventuellen Erfolg ausmachen könnten. Besonderer Dank geht an Terry Downling von Turner Financial Services für die Weitergabe dieses Tricks an mich.

TRICK 30
Wenig Wissen hilft viel ... wenn es zur rechten Zeit kommt

Bei einem meiner Seminare bat ich meinen Bruder Philip, über die Einflüsse von Nachrichten auf die Futures-Märkte zu referieren. Durch seine Erfahrung bei den nationalen Nachrichtenagenturen und im Bereich Börse ist er dafür prädestiniert. Daß Nachrichten tatsächlich die Märkte beeinflussen, wird zwar akzeptiert, aber kaum verstanden. Phils enger Terminplan, zusammen mit seiner Verpflichtung gegenüber seiner Familie, lassen es nicht zu, daß er auf unseren Seminaren spricht. Er bat jedoch seine Frau Sally und seine zwei reizenden Töchter Lynn und Laura, ob er einige Minuten am PC verbringen könne und so konnte er uns diesen Trick verraten. Ich glaube, er mußte nicht mehr als einmal fragen.

Der folgende Trick ist von Philip S. Weintraub:

Die Entscheidung, ob Sie Terminkontrakte, Rohstoffe oder Aktien handeln sollen, hängt vom aktuellen und korrekten Informationsfluß ab. Die Frage ist nicht: Ist die Information verfügbar? Vielmehr ist entscheidend, welche Quellen Sie benutzen und ob Sie sie in Ihren erfolgreichen Handel einfließen lassen.

Als Redakteur und Journalist für lokale Nachrichten und Nachrichtenagenturen erfahre ich Neuigkeiten, die die Finanzmärkte beeinflussen können, Stunden und sogar Minuten vor der Öffentlichkeit. Das heißt jedoch nicht, daß es bei Ihnen ebenfalls der Fall sein muß.

Als ich Mitte der 80er als Journalist für einen Nachrichtensender arbeitete, erfuhr ich von einem iranischen Raketenangriff auf einen liberianischen Tanker im Persischen Golf. Wenige Minuten nach der Explosion erhielt ich die Nachricht über Modem. Minuten später erhielt auch die Associated Press diese Nachricht. Der Reporter machte sich fertig für eine Live-Reportage aus dem Mittleren Osten.

Nach der Reportage waren die Programmacher fast euphorisch. Sie brachten die Meldung als Erste. Unglücklicherweise zerplatze ihre Euphorie wie eine Seifenblase, als ihnen bewußt wurde, daß außer an der Ostküste die restlichen 2/3 der Bevölkerung diese Nachricht nicht oder erst eine Stunde später hören würden. Wenn Sie nicht an der Ostküste leben, empfangen Sie Sendungen wie „Today", „Good Morning America" oder „CBS This Morning" mit einer Stunde Verzögerung. Das schließt Nachrichten, Interviews und Wetterberichte ein. Wenn Sie Positionen halten, die einer schnellen Entscheidung bedürfen, dann sehen Sie einem langsamen und qualvollen finanziellen Tod entgegen, wenn Sie Fernsehen schauen, Radio hören, das Wall Street Journal oder andere Finanzzeitschriften lesen.

TRICK 31
Geheimnisse bei Optionen? ... Wohl kaum

In letzter Zeit wurden Bücher über großartige „Geheimnisse beim Optionshandel" geschrieben. Bevor Sie Ihr Geld zum Fenster hinauswerfen: Das Geheimnis heißt Volatilität. Zunächst einmal sind die meisten Optionen mit der Volatilität nicht im Einklang. Betrachten Sie es mal so: In einem verrückten Bullenmarkt möchte die Masse billige Optionen, die aus dem Geld sind, in der Hoffnung auf einen starken Kursanstieg kaufen. Die sogenannten billigen Optionen sind in Wirklichkeit teurer, da die Nachfrage groß ist. Mangelnder Einklang mit der Volatilität ist ähnlich wie bei jemanden, der sich ein gebrauchtes Auto für $ 15.000 kauft, da ein Neuwagen $ 17.500 kostet. Ja, das gebrauchte Auto ist billiger, aber das Neufahrzeug ist mehr wert. Der Käufer achtet nur auf den Preis und nicht auf den Wert. Was immer Sie tun, verkaufen Sie nie Optionen leer, ohne einen Handelsplan zu haben, der das berücksichtigt. Trader, die Optionen leerverkaufen, haben ein System für Volatilitätsausbrüche, nach dem sie handeln. Oftmals ist dieses System nicht erfolgreich; es gleicht nur das Risiko beim Stillhaltergeschäft aus.

Philip York von QBL Funds Management in Australien formuliert das so: „Für ein Ausbruchssystem ist es wichtiger, in einer negativen Wechselbeziehung zum Schreiben von Optionen zu stehen, als isoliert profitabel zu sein."

Floor-Trader, die Optionen leerverkaufen, kaufen zur Risikoabsicherung diese zu einem höheren bzw. niedrigeren Basispreis. Absolutes Harakiri wäre der Leerverkauf von Calls und Puts ohne jegliche Absicherung im Termin- oder Optionsmarkt. Es ist zwar richtig, daß die meisten Terminkontrakte in zwei Drittel der Fälle innerhalb einer gewissen Spanne zum Vortagsschluß schließen, aber es bleibt immer noch das eine Drittel, das die Märkte schockiert. Und wenn Sie Optionen kaufen, die aus dem Geld sind, fragen Sie immer Ihren Broker, welchen Anteil Ihre Gebühren ausmachen. Was viele Trader vergessen, ist, daß sie am besten zu Zeiten geringer Volatilität Futures kaufen - nicht, wenn Sie über diesen Markt in der Presse lesen.

Kürzlich entdeckte ich die Handelsstrategie von Mauk & Randelhoff, einem wachsenden Vermögensverwalter in Düsseldorf. Während der letzten 21 Monate zeigte ihr Portfolio einen unglaublichen Gewinn von 291 Prozent. Obwohl sie ihre Handelsstrategie der Öffentlichkeit nicht preisgeben, konnte ich in Erfahrung bringen, daß sie bei niedriger Volatilität kaufen und nie Positionen zukaufen, wenn sie in die Gewinnzone kommen. Die meisten Positionen werden über 120 Tage gehalten und Positionen, die im Gewinn sind, dürfen nie in Verlust geraten.

TRICK 32
Zwei sind besser als eine

Auf den Punkt gebracht: Viele Trader arbeiten hauptsächlich mit einem Broker zusammen, haben aber noch einen zweiten zur Sicherheit. Sie sollten diesem Beispiel folgen und Ihr Geld auch auf zwei Broker aufteilen. Ein Broker kann einmal nicht erreichbar sein oder sein System funktioniert nicht oder Sie können durch die Konkurrenz erreichen, daß sich der Broker mehr um Sie kümmert. Jim Kelley, ein Broker für Peregrine Financial Group in Chicago, bemerkt dazu: „Broker sollten Ihnen bei Ihren Marktanalysen helfen, Sie bei den Aufträgen unterstützen und Ihnen helfen, die richtigen Entscheidungen zu treffen; der beste Weg, dies zu erreichen, sind zwei konkurrierende Broker."

TEIL 2
Tips

An meinem schwarzen Brett hängt ein Schild, auf dem steht:

Schließe nie auf die Zukunft

und der Untertitel lautet:

Die Widersinnigkeit, auf Trends in der Zukunft zu schließen.

und darunter:

„1960 gab es laut inoffizieller Schätzung 216 Elvis-Imitatoren. 1970 waren es 2.400. 1980 wurde ihre Anzahl auf 6.300 geschätzt und wenn dieser Trend anhält, werden es bis 1992 14.000 werden. 2010 wird jeder Vierte ein Elvis-Imitator sein."

Wenn Sie die folgenden Tips lesen, denken Sie daran, daß es einen Unterschied gibt zwischen Tips über das Traden und Tips von Tradern. Meiden Sie jeden, der Ihnen einen heißen Tip geben will.

In seinem Buch *Elliott Wave Explained* (Chicago: Probus, 1992), schrieb Robert C. Beckman:

„Handelssysteme kommen und gehen. Die Gurus tauchen auf wie Kometen und verglühen wie Meteoriten. Mit dem Auftauchen jedes neuen Gurus und jeder neuen Methode oder jedes Systems, werden diese von einer großen Anzahl an Investoren als Zaubermittel für unbegrenzten Reichtum akzeptiert, nur um dann bitter enttäuscht zu werden."

TIP 1
Verwenden Sie Stops, um bei fallenden Kursen dabeizusein

Diese Technik wird beim Handel von überkauften und überverkauften Märkten verwendet. Trader sollten versuchen, aus einer schnellen und starken Aufwärtsbewegung Kapital zu schlagen. So eine heftige Bewegung kann eine Überreaktion sein und eine Korrektur könnte anstehen. Die Bewegungen in den Märkten sind für den typischen Day-Trader meist stark genug. Der Grundgedanke ist, dem Markt bei der Aufwärtsbewegung zu folgen und sich bei der Abwärtsbewegung in den Markt einstoppen zu lassen. Die meisten Leute denken bei einer Stop Loss-Order an Verlustbegrenzung. Dies ist die gebräuchlichste Technik beim Handel mit Futures. Es ist jedoch auch möglich, einen Stop Loss wesentlich vorteilhafter anzuwenden, um zu einem sehr guten Kurs eine Position einzugehen.

Trading-Beispiel

Am 20. Juli um 7.43 Uhr wurde die D-Mark zu neuen Höchstkursen gehandelt. Ich hatte keine Ahnung, wie weit der Markt noch gehen könnte. Aber ich kann Ihnen sagen, daß diejenigen Trader das Nachsehen hatten und viel Geld verloren, die versuchten, das Hoch zu erwischen. Ich unternahm einige Versuche, Short zu gehen, wurde aber immer ausgestoppt.

Die D-Mark wurde bei 6823 gehandelt. Nach meinen Analysen konnten wir einen regelrechten Kurseinbruch erwarten, wenn der Markt auf 6800 zurückging. Ich rief meinen Floor Broker an und wies ihn an: „Verkaufe eine D-Mark bei 6803 Stop. 4 Ticks DRT." Das bedeutet, daß die Ausführung nicht mehr als vier Ticks unterhalb meines Stops liegen darf. Der Kurseinbruch erfolgte. Mein Verkaufs-Stop von 6803 wurde bei 6800 ausgeführt. Die Kurse gingen weiter nach unten.

Ich kaufte meine Position um 10.48 Uhr bei 6686 zurück. Diese Technik, „mittels eines Stops in den Markt zu gehen", sollte nur in sehr *volatilen* Märkten angewendet werden. Kursausbrüchen aus der aktuellen Handelsspanne sollte man zuvorkommen. Es gibt niemals eine Art „stillschweigendes Übereinkommen", wenn es um Stops geht. Aus einem Stop wird eine Market-Order. Denken Sie also nicht, daß Sie innerhalb zwei oder drei Ticks ausgeführt werden müssen. Je nach der zu diesem Zeitpunkt herrschenden Volatilität können es 50 oder 100 Punkte sein.

Ein Börsendienst warnt seine Abonnenten, bei einem Fast Market* besonders vorsichtig zu sein.

> *Wenn die Gold- und Silber-Broker festlegen, daß es sich um einen Fast Market handelt, können sie jede Order ohne Gewährleistung annehmen. Nach ihren Regeln können sie bestimmen, welchen Auftrag sie ausführen und wo sie ihn ausführen. Praktisch heißt das, daß Verlustpositionen ausgeführt werden und Gewinnpositionen unbeachtet bleiben. Das lehrt uns, daß die Technik „sich in fallende Märkte einstoppen zu lassen", bei „Fast Markets" vermieden werden sollte.*

Wenn sich die Kurse blitzschnell ändern, rufen Sie am Floor oder Ihren Broker an und fragen Sie, ob es sich um einen „Fast Market" handelt. Wenn Sie unschlüssig sind, warten Sie ab.

Wenn Sie es trotzdem dazu drängt, in „Fast Markets" zu traden, dann lesen Sie bitte folgenden Auszug der Regel 320.16 der Chicago Board of Trade über Fast Markets.

> *Alle Kurse, die während dem letzten Kurs vor Beginn eines „Fast Markets" und dem ersten Kurs nach einem Fast Market gehandelt werden, gelten als offiziell gehandelt, egal ob diese Kurse auf der Anzeigetafel oder den Aufzeichnungen der Börse erscheinen oder nicht.*

KOMMENTAR EINES TRADERS
Kurz gesagt bedeutet dies, daß die Preise, die Sie auf Ihrem System sehen, während eines „Fast Markets" nicht gültig sein müssen. Sie können zu einem Preis ausgeführt werden, den Sie nie auf dem Monitor gesehen haben.

In Märkten mit geringer Volatilität sollten Sie nicht agieren, sondern reagieren. Lassen Sie den Markt für sich arbeiten. Wenn der Jap. Yen bei 8934 gehandelt wird und Sie der Meinung sind, daß er fallen wird, lassen Sie den Markt erst auf 8954 steigen, bevor sie verkaufen. Es ist wichtig, daran zu denken, daß man beim Handel in den Terminmärkten Volatilität benötigt.

Ein langsamer Markt erzeugt nur zusätzliche Kosten bei der Ausführung und verursacht unnötige Gebühren. Das wird bei schnellen Märkten unwichtig. Oftmals können relativ niedrige Gebühren Sie dazu veranlassen, langsame und unstete Märkte zu traden. Daytrader neigen besonders dazu: Sie traden, wenn es gar keinen Trade gibt. Das nächste Mal an einem Tag mit wenig Bewegung handeln Sie nicht! Floor-Trader tun dies mit Sicherheit nicht. Warum also Sie? Schauen Sie auf Ihren Kontoauszug. Verdient Ihr Broker mehr als Sie? Könnten Sie von den Gebühren, die an Ihren Broker gehen, eine Ferienwohnung abzahlen? Wenn Ihr Ehepartner die Gebühren sehen würde, die Sie dem Broker zahlen, wäre er oder sie dann neidisch? Behalten Sie die Antwort besser für sich.

Wenn es um Aktien geht

Wenn die Kurse ein neues Hoch erreichen, kaufen Sie. Falls sich der Kursanstieg nicht fortsetzt, schließen Sie die Position wieder.

Wenn Sie bei einem neuen Hoch in den Aktienkursen kaufen, scheint es, als würde man nicht am Tief einsteigen. Das stimmt. Aber es bestehen gute Aussichten, daß sich die Kursentwicklung nach Erreichen neuer Höchstkurse fortsetzt.

Ein wichtiger Aspekt bei Aktienkursen ist der Faktor Mensch (Psychologie). In Firmen erzeugen Menschen durch ihre Arbeit höhere Firmengewinne. In den Terminmärkten arbeiten Trader, aber sie arbeiten nicht jeden Tag, um Firmenerträge zu erhöhen. Es ist nicht verwunderlich, daß bei einer Firma das Management in besonderem Maße zum Erfolg einer Firma beiträgt.

Vorsicht: Wenn bei einem neuen Hoch der Aktie Mitarbeiter in Schlüsselpositionen verkaufen, tun Sie nichts! Solche Transaktionen müssen offengelegt werden, es ist also für Ihren Broker einfach, solche Informationen an Sie weiterzugeben.

Positionen, auf die man nicht achtet, sind wie vernachlässigte Gärten

Der Markt hat die Tendenz, sich von Positionen zu ernähren, auf die nicht aufgepaßt wird. Wenn nicht Sie auf Ihre Positionen achten, der Markt tut es. Es ist fast so, als ob Ihnen jemand Geld schuldet. Wenn Sie die Person nicht daran erinnern, sehen Sie Ihr Geld wahrscheinlich nie wieder. Eine unbeachtete Position wird für gewöhnlich zu einer Verlustposition. Sehr selten wird aus ihr ein Gewinner. Deshalb müssen Sie Ihren Trading-Stil Ihren Möglichkeiten, je nachdem, wieviel Aufmerksamkeit Sie dem Markt schenken können, anpassen. Trading ist eine Kunst, keine Wissenschaft und sollte auch so gehandhabt werden. Wenn es Ihr ganzes Leben beansprucht, fragen Sie sich, ob es das wert ist. Handeln Sie nur die Märkte und Anzahl an Kontrakten, die Ihnen möglich sind. Wenn Sie das nächste Mal eine Position eingehen, fragen Sie sich: Wieviel Zeit kann ich investieren, um diese Position zu verfolgen? Vielleicht sollten Sie sich überlegen, ob Sie diesen Trade nicht als Spread oder mittels Optionen eingehen können oder in einen Investmentfonds investieren sollten. Wenn Sie einmal eine Position eingegangen sind, denken Sie daran, einen Stop zu setzen, durch den die Position wieder glattgestellt wird, falls Sie falsch liegen. Ihr Trading-Plan sollte auch ein Gewinnziel beinhalten. Man kann es sich nicht leisten, eine Position unbeobachtet zu lassen. Durch einen einfachen STOP können Sie sicher sein, daß Ihr Garten gepflegt wird.

Unterstützung und Widerstand: Charts als optische Täuschung

Trendlinien zeichnen mag ja ganz lustig sein, aber diese Trendlinien bedeuten echtes Geld. Für nichttechnische Trader: Trendlinien sind Linien, die Hoch- oder Tiefkurse von Futures oder Aktien miteinander verbinden. Sie werden manchmal in einem Winkel von 45 Grad gezeichnet. Wenn „Gurus" sagen, daß 250 Punkte tiefer eine starke Unterstützung ist, nehmen Sie Ihren Taschenrechner zur Hand und entscheiden Sie selbst, ob dieser Trade wert ist, eingegangen zu werden. Unterstützung und Widerstand sind nur Wörter, aber Ihr Geld ist mehr.

Ist das Risiko-/Gewinnverhältnis drei zu eins bei dem Trade, den Sie eingehen wollen? Viele Floor-Trader haben die Möglichkeit, alle Märkte zu handeln, die Sie wollen. Warum machen die Trader nicht die paar Schritte zum nächsten Pit und handeln dort? Ein Grund ist das Risiko-/Gewinnverhältnis. Wenn Sie auf Ihren Chart schauen und den Stop auswählen, errechnen Sie das Verlustrisiko in Dollar.

TIP 2
Sich kreuzende
gleitende Durchschnitte

Sowohl Daytrader wie auch Langfrist-Investoren kennen die Zahlen von gleitenden Durchschnitten sehr gut. Sich kreuzende Durchschnitte werden für gewöhnlich von Fondsmanagern und verschiedenen Finanzberatern zu Hilfe genommen, damit ihre Kunden die Terminmärkte unter langfristigen Gesichtspunkten sehen. Leider ist dieses System manchmal etwas langsamer als uns lieb ist, und es gibt in trendlosen Zeiten oder wenn ein Trend zu Ende geht, einen großen Teil des Gewinns wieder ab. Floor-Trader beachten diese gleitenden Durchschnitte, um vor großen Fondspositionen gewarnt zu werden. Dies gibt ihnen einen kurzfristigen Vorteil, um diesen Signalen zuvorzukommen. Dieses Wissen verwenden die Floor-Trader auch, um den Markt in die Richtung von Stops zu bewegen. Große Fonds können keine Andienung akzeptieren und müssen daher die Positionen glattstellen oder vor dem Andienungstag in den nächsten Kontraktmonat wechseln.

Achten Sie darauf, wenn der gleitende 3-Tage-Durchschnitt den 72-Tage-Durchschnitt kreuzt. Trader verwenden das Überschneiden von 3- und 72-Tage-Durchschnitten als Hauptsignal und den 33-Tage-Durchschnitt als nachgezogenen Stop. In der Praxis bedeutet dies, daß Sie kaufen, wenn der 3-Tage- den 72-Tage-Durchschnitt kreuzt. Der 33-Tage-Durchschnitt ist Ihr Stop. Unter keinen Umständen sollten Daytrader eine Position, die im Gewinn ist, in den Verlust laufen lassen. Wenn die Position zu Börsenschluß im Verlust ist, muß sie liquidiert werden.

Dies ist ein großartiges System für historische Tests. Denken Sie daran, daß die meisten Fonds dem Trend folgen. Investieren Sie in dieselbe Richtung. Floor-Trader nehmen die andere Seite des Trades ein. Das können sie auch, denn sie zahlen weniger als 1$ pro Trade. Wenn Fonds und kommerzielle Anleger kaufen, kann nur ein Spekulant vor so einem in Bewegung befindlichen Güterzug stehen. Auf ein System zu hoffen, mit dem Sie Fondsaktivitäten voraussehen können, ist unrealistisch. Mit den gleitenden Durchschnitten haben Sie noch die besten Möglichkeiten. Jedoch wissen die Floor-Trader, daß neue Hoch- und Tiefkurse für das Daytrading effektiver sind, als die gleitenden Durchschnitte. Kernstück dieses Wissensvorsprungs ist, wie die Trader über die erwarteten

Trades von Fonds Buch führen. Macht der Markt neue Tiefs? Macht der Markt höhere Tiefs? Diese Fragen müssen Sie beantworten können, wenn Sie traden.

TIP 3
Die Taktik des First Notice Day

Der First Notice Day ist der erste Tag, an dem eine Ware gegen einen Terminkontrakt physisch angedient werden kann. Am First Notice Day öffnet der Markt für gewöhnlich schwächer und steigt dann. Viele Leute fragen sich, warum das so ist. Das liegt daran, daß sich meist keine Long-Positionen in schwachen Händen befinden. Das heißt, daß die meisten Spekulanten ihre Positionen bereits glattgestellt haben. Der Großteil der Masse sind Spekulanten. Ab dem First Notice Day kann die Ware angedient werden. Deshalb sind Geschichten, daß Ihnen jemand eine Wagenladung Sojabohnen in den Vorgarten kippt, im Bereich des entfernt Möglichen. Nein ernsthaft, kaum ein Broker akzeptiert es, wenn ein Kunde eine Long-Position in die Andienungszeit hinein behält. Er wird Sie zwingen oder zumindest nachdrücklich auffordern, die Position zu liquidieren. Statistisch gesehen haben Sie jedoch gute Chancen, wenn Sie am First Notice Day Long sind. Zumindest haben Sie die Vorteile auf Ihrer Seite.

Oftmals wird die Frage gestellt, warum Floor-Trader mit Long-Positionen in der Andienungsphase engagiert sein können und der „normale" Anleger nicht? Die Antwort hat mit der Hebelwirkung zu tun. Wenn der „normale" Anleger einen Terminkontrakt kauft, muß er nur einen kleinen Teil des Kontraktwertes hinterlegen. Das bedeutet, daß er bei Andienung den vollen Kontraktwert bezahlen muß. Da die Mehrzahl der Trader diese hohen Summen nicht auf dem Konto haben, liquidieren sie die Position. Kurz gesagt: Hebelwirkung ist OK, solange Sie nicht den vollen Betrag hinterlegen müssen.

Floor-Trader handeln ebenfalls nach der Hebelwirkung. Aber wenn sie sich dazu entschließen, einen Kontrakt in die Andienungsphase hinein zu halten, haben sie eine Vereinbarung mit ihrer Abrechnungsstelle oder Bank getroffen, die ihnen das Geld für den vollen Kontraktwert leiht. Das bedeutet, daß sie sich für ein bis zwei Tage $ 1 Million oder gar $ 10 Millionen per Unterschrift leihen können. Sie müssen lediglich die Zinsen zahlen für die Zeitspanne, die sie den Kontrakt halten. Auf diese Weise können sie sich große Geldsummen nur für Stunden ausleihen.

Während sich die Masse eindecken muß, könnte der Floor-Trader dies vorausgeahnt haben und er hat auch die nötigen Bankverbindungen. Sie müssen mit einem Broker zusammenarbeiten, der Ihre Art zu Traden versteht. Oder wenn Sie diese Taktik anwenden wollen, kaufen Sie einfach einen Kontrakt einige Tage vor dem First Notice Day.

TIP 4
Erst Aufwärtsbewegung, dann Kursrückgang – Adams Einstiegstechnik

Für diese Methode benötigen Sie einen Kursrückgang und als Grundlage Balkencharts. Warten Sie auf einen Trend. Erkennen Sie ihn. Warten Sie auf einen Kursrückgang. Verwenden Sie einen 5-Minuten Chart bei schnellen Märkten und einen 30-Minuten Chart bei langsamen. Sie können auch einen Tageschart verwenden.

Sie steigen in den Markt ein, wenn ein neues Hoch erreicht wird. Die wirkliche Kunst liegt in der Ausführung Ihrer Order. Einige Leute verwenden einen Buy Stop. Das Problem hierbei ist die Ausführung. Ein Markteinstieg mittels Stop ist bei Trades mit geringer Gewinnerwartung riskant. Der Stop muß in die Nähe des Tiefs der vorherigen Zeiteinheit gelegt werden. Gehen Sie eine Position bei trendierenden Märkten ein. Begrenzen Sie Ihren Verlust bei diesen Trades und versuchen Sie, mit dem Trend zu gehen. Bei fallenden Märkten funktioniert diese Technik ebenso, besonders wenn die Masse zu selbstsicher wird und versucht, bei Kurseinbrüchen zu kaufen.

Das spielt sich in etwa folgendermaßen ab:

Peter Public hat einiges Geld gewonnen, in dem er antizyklisch handelte und bei Kurseinbrüchen kaufte. Als der Markt das erste mal einbrach, kaufte er. Als er das zweite mal einbrach, kaufte er ebenfalls. Und um keine Kursreaktion zu verpassen, kaufte er auch beim dritten Kurseinbruch. Peter tradet nicht mehr, sein Konto erlitt den vierten Einbruch.

Mit einem Money Management Stop oder zumindest einem Break Even* Stop wäre er im Spiel geblieben.

1. Bestimmen Sie den kurzfristigen Trend.

2. Warten Sie auf einen Kursrückgang unter Zuhilfenahme eines 5-Minuten oder 30-Minuten Charts.

3. Kaufen Sie, wenn das Hoch der letzten Zeiteinheit überboten wird. Sinngemäß handeln Sie, wenn Sie verkaufen.

Eine weitere Möglichkeit, in den Markt zu gehen, wurde von Adam White in „Technical Toolbox", einer monatlichen Rubrik des *Technical Traders Bulletin*, beschrieben. Hier sind die Regeln nach Adams Beschreibung:

- *Wenn bei 4 Balken der dritte der tiefste von den Vieren ist, ist dies ein potentielles Kaufsignal.*

- *Vergewissern Sie sich, daß sich das Tief oberhalb des gleitenden 27-Tage-Durchschnittes befindet. Wenn das Tief der 4 Balken über dem gleitenden Durchschnitt ist, kaufen Sie zur Eröffnung des nächsten Balkens.*

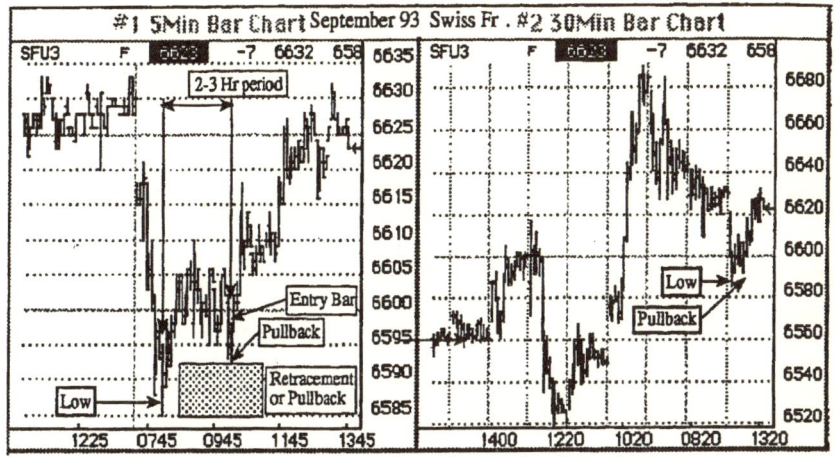

Chart courtesy of DCI Integrated Computer Systems utilizing Macintosh® trading workstations

Beispiel für Tip 4

- Wenn das Tief der 4 Balken unter den gleitenden Durchschnitt fällt, unternehmen Sie nichts.

  Keine Strategie für den Markteinstieg ist perfekt. Es ist möglich, daß Sie bei sehr schnellen Trends einen guten Teil des Trends verpassen, genau den Teil, den Sie eigentlich erwischen wollten, wenn der Trend so schnell läuft, daß sich keine Vier-Balken-Korrektur entwickeln läßt.

  Zu Ehren des Autors nenne ich dies die „Adams Technik". Wie verhält sich diese Technik im Vergleich zu anderen, komplexeren Einstiegstechniken?

  Den besten Vergleich erhält man, wenn man die Adam-Einstiegstechnik an den traditionellen, dualen gleitenden Durchschnitten mißt, bei denen eine Position eingegangen wird, wenn der kurzfristige gleitende Durchschnitt längerfristigen kreuzt. Dieser Vergleich ist durchaus gerechtfertigt, denn die Adam-Technik und die dualen gleitenden Durchschnitte scheinen ähnlicher Natur zu sein. Tests weisen darauf hin, daß die Adam-Technik überlegen ist. Hier ist Adam Whites Kommentar zur Logik seines Einstiegs-Systems. *(Floor-Trader verwenden eine Variation dieses Systems, aber Adams Konzepte erklären den intuitiven Prozess im Kopf eines Traders.)*

Die Adams Einstiegsmethode erzeugt viel bessere Ergebnisse, da sie dem alten Spruch folgt, immer mit dem Trend zu gehen. Die meisten Trends sind eine Aneinanderreihung längerfristiger Bewegungen in eine Richtung, die durch schwächere, kurzfristige Korrekturen in die Gegenrichtung unterbrochen werden. Es ist sinnvoll, den Hauptbewegungen zu folgen und nicht den Korrekturen.

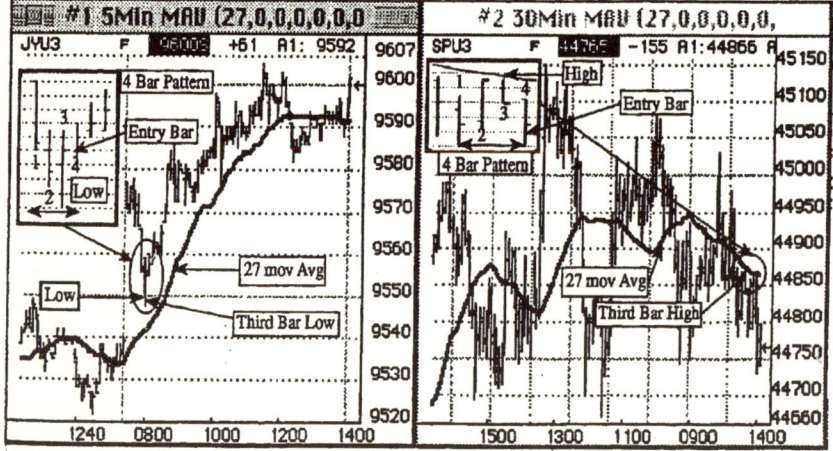

Chart courtesy of DCI Integrated Computer Systems utilizing Macintosh® trading workstations

Beschleunigung kann ein weiterer Faktor des Erfolgs der Adam-Technik sein. Es scheint, daß die stärksten Trends dazu neigen, die schwächsten Korrekturen zu haben. Die schwächsten Korrekturen finden wahrscheinlich ihren Boden in Nähe eines gleitenden Durchschnitts. Deshalb neigt die Adam-Technik dazu, bei starken Trends öfter Kaufsignale zu geben. Um es nochmals zu verdeutlichen: Liegt im Falle eines Aufwärtstrends das tiefste Tief oberhalb des gleitenden Durchschnitts, ist der Aufwärtsschub vor der Korrektur aller Wahrscheinlichkeit sehr heftig verlaufen. Die Alternative wäre, daß die Korrektur, die das tiefste Tief erzeugt hat, in sich ziemlich schwach war. In beiden Fällen können Sie wie folgt gewinnbringend Kaufpositionen eingehen: Wir nehmen an, daß entscheidende Trends wahrscheinlich nach einer von Beginn an impulsiven Kursbewegung folgen und daß starke Trends schwächere Korrekturen haben als schwache Trends haben.

Zusammenfassung:

1. Wenn bei vier Balken der dritte (der zweite von rechts) der Tiefste dieser vier ist, ist dies ein mögliches Kaufsignal. Bitte beachten Sie das Wort *mögliches*. Sie müssen Schritt 2 abwarten.

2. Vergewissern Sie sich, daß das tiefste Tief oberhalb des 27-Tage-Durchschnitts liegt. Wenn das Tief der vier Balken oberhalb des gleitenden Durchschnitts liegt, kaufen Sie zur Eröffnung des nächsten Balkens. Wenn das Tief unterhalb des gleitenden 27-Tage-Durchschnitts liegt, gehen Sie keine Position ein.

TIP 5
Gegen den Regierungsbericht handeln

Wenn ein wichtiger Regierungsbericht veröffentlicht wird und die Analysten erwarten, daß dieser positiv ausfallen wird, der Markt jedoch in die Gegenrichtung dreht, dann gehen Sie in die Richtung der Marktbewegung. Das bedeutet, daß Sie sich in Richtung der Marktbewegung engagieren, wenn bei einem positiven Bericht die Reaktion darauf negativ ist. Dies kann auch in der umgekehrten Situation angewendet werden. Gehen Sie einfach mit dem Markt. Das kann bedeuten, daß Sie „At The Market" kaufen oder verkaufen.

Wie man dies tradet

Wenn Sie nach Berichten traden, die nach Marktschluß veröffentlicht werden, geben Sie einen Kauf Stop über dem Tageshoch oder einen Verkauf-Stop unter dem Tagestief. Sie müssen nur dem Broker einige Ticks für eine etwas schlechtere Ausführung zugestehen, wenn Sie eine Stop-Order zum Eingehen einer Position verwenden.

Folgendes sind zwei Tage, an denen Nachrichten von DTN, einem Datenservice, gemeldet wurden, die die Reaktion auf einen Cattle on *Feed Report* im Februar 1993 kommentieren.

01.02.1993
Dem Bericht entgegen zu handeln, klappte heute perfekt. Die Tiefs bei der Eröffnung wurden nach den ersten 15 Minuten nicht mehr getestet, und Futures auf Rinder gewannen während des Tages allmählich an Stärke. Die Februar- und April-Kontrakte schlossen $ 0,75 bzw. $ 0,45 höher.

02.02.1993
Futures auf Rinder schossen am Dienstag im nahen Kon-

traktmonat förmlich in die Höhe. Der Februar-Kontrakt schloß 117 Punkte höher bei 7942.

Wie Sie an den vorherigen Kommentaren sehen können, erzielte die Strategie, gegen den Bericht zu handeln, einen Gewinn von über 200 Punkten. Zu diesem Zeitpunkt sollten Sie einen 50-Punkte-Stop legen oder mindestens die Hälfte der Kontrakte glattstellen. Lassen Sie nie Gewinnpositionen in den Verlust laufen. Berichte umfassen auch Treasury-Auktionen, die im Laufe des Tages erwartet werden oder sogar eine Pressekonferenz, die mit viel Tam-Tam angekündigt wird.

Was bewegt wirklich den Markt?

Wenn Sie meinen, daß sich fundamentale Informationen nicht auf die Märkte auswirken, dann verwenden Sie nur 50 Prozent der Analysemöglichkeiten, die Ihnen zur Verfügung stehen. Das soll nicht heißen, daß Regierungsberichte trügerisch sein müssen. Vielmehr können die Nachrichten bereits im Markt sein. Achten Sie auch darauf, daß Nachrichten veralten. 1993 wiesen Regierungsberichte auf wenig oder keine Inflation hin. Der Verbraucherpreis-Index für Getreide stieg jedoch seit Anfang 1981 um 157 Prozent, dreimal soviel, wie der Verbraucherpreis-Index für Neuwagen. Die Preise für Windeln, Medikamente, Zigaretten und im Gesundheitswesen stiegen ebenfalls. Obwohl diese Nachrichten nur nach und nach bekannt wurden, wußte der „normale" Verbraucher, was los ist. Die alte Geschichte von Null-Inflation erschien als etwas überstrapaziert, wenn Otto Normalverbraucher einkaufen ging. Es war nur eine Frage der Zeit, bis diese Nachrichten über die Medien verbreitet wurden und die Zinsen anfingen zu steigen.

Für den Schwindel über die Null-Inflation läuft die Zeit allmählich ab. Der amerikanische Dollar ist gegenüber dem japanischen Yen auf einem historischen Tief. Die Inflationsglocke wird bald geläutet. Haben Sie Geduld. Kaufen Sie Verkaufsoptionen und warten Sie darauf, daß der Markt fällt.

Das ist nur eine Frage von Zeit und Geduld. Wenn die Nachrichten erst einmal über den Sender ausgestrahlt werden, ist es zu spät. Sie müssen den Nachrichten zuvorkommen. Fundamentale Faktoren sind nicht das Lieblingskind unserer Branche, aber sie sind wichtig, um eine Handelsstrategie zu umreißen.

Es gibt eine deutliche Tendenz unter den Technikern, Beispiele zu zeigen - oder sollte ich sagen die Tage herauszupicken -, an denen eine bestimmte Strategie funktioniert und diejenigen Tage zu vergessen, an denen sie nicht klappt. Gegen den Bericht zu handeln, ist nicht unfehlbar. Die Aussicht auf einen großen Verlust wird etwas dadurch gemildert, daß der Markt Sie handeln läßt und daß Sie den Stop in die Eröffnungsspanne legen können. *Vorsicht:* Bei einem „Fast Market" kann Ihre Ausführung katastrophal sein. Achten Sie deshalb darauf, daß Sie Ihrem Broker nur einige Ticks Spielraum geben. Ich habe erlebt, daß bei den Währungen die Order 100 Punkte vom Stopkurs entfernt ausgeführt wurde.

Zusammenfassung dieser Strategien:

* Sie müssen den Tag und die Schlußkurse kennen, an dem ein Bericht veröffentlicht wird. (Beides erhalten Sie von der Börse oder Ihrem Broker.)

* Finden Sie heraus, was die meisten Analysten prognostizieren. (Ihr Broker kann Ihnen dabei helfen.)

* Legen Sie vor Veröffentlichung des Berichts Ihren Stop über das Tageshoch oder unter das Tagestief.

* Gehen Sie eine Position mittels Stop ein und geben Sie dem Broker nur einige Ticks Spielraum. Vergewissern Sie sich, daß die Nachrichten aktuell sind. Bringt Ihr Sender die Nachrichten mit Zeitverzögerung? (In Chicago werden bei „WGN" die „CNN News" mit 10-minütiger Verzögerung übertragen, also statt um 12:30 Uhr um 12:40 Uhr.)

* Stellen Sie fest, ob es sich um Nachrichten oder Gerüchte handelt.

* Stellen Sie fest, ob Ihre Nachrichtenquelle Prognosen für die Eröffnung des nächsten Tages gibt.

* Verwenden Sie Realtime-Kurse oder setzen Sie sich alle 20 Minuten mit Ihrem Broker in Verbindung.

Warum die Taktik funktioniert

Gegen den Regierungsbericht zu handeln, funktioniert aus vier Gründen.

1. Neue Information kommt in den Markt.

2. Die Verzögerung zwischen der Erstellung des Berichtes und dessen Veröffentlichung.

3. Sie verlassen sich darauf, daß fundamentale Daten mehr gelten als technische Indikatoren.

4. Je dichter Sie an einen wichtigen Regierungsbericht herankommen, um so unwichtiger werden fundamentale Indikatoren für große Trader.

Diskussion unter Tradern

Am 1. Juli veröffentlichte das USDA* ihren Bericht über die Anbauflächen. Er ging davon aus, daß es keinen Rückgang in der Gesamtanbaufläche gegenüber dem März-Bericht geben würde, basierend auf der aktuellen Wetterlage im mittleren Westen für diesen Monat. Allein von diesem Bericht ausgehend, war diese Nachricht für den Getreidemarkt negativ.

Tatsächlich stellte die Chicago Tribune am 1. Juli fest:

Bryant zufolge werden die Kurse der Sojabohne an der CBOT am Donnerstag wahrscheinlich zwischen 10 und 15

Cent fallen, während Georg einen Kursrückgang von 10 bis 20 Cent je Bushel erwartet. Trotz eines geringeren Angebots bei Mais erwarten beide eine um ein bis drei Cent schwächere Eröffnung.

Was tatsächlich geschah:

Mais schloß an dem Tag über acht Cent und Sojabohne über 5 Cent höher.

TIP 6
Meinungsmacher „Packen Sie das Glück beim Schopf"

Dies ist eine meiner liebsten Taktiken. Meinungsmacher beeinflussen die Märkte kraft ihrer Kommentare. Es kann ein Mitglied der Bundesbank oder einer ausländischen Regierung sein. Ihre bloßen Äußerungen können bewirken, daß ohne ersichtlichen Grund der Markt plötzlich in Bewegung gerät. Bevor Sie nach Äußerungen eines Meinungsmachers handeln, ist es wichtig zu wissen, wie hoch das Ansehen dieser Person im Markt ist.

Ein Meinungsmacher dieser Tage ist Georg Soros. Er hat keinen Sitz bei der Deutschen Bundesbank oder Amerikanischen Notenbank, aber Mitglieder der Zentralbanken beneiden ihn um seine Macht. Durch seine frühzeitigen Prognosen erreichte er in einem Zeitraum von drei Monaten einen Anstieg an Investments. Mr. Soros legte seine Handelsphilosophie in einem Brief an die Londoner *Times* dar. Es ist ein Fehler des Traders, wenn er diese Information nicht hat. Das soll nicht heißen, daß sich Mr. Soros' Einfluß nicht vermindern wird. Ja, Starruhm ist in diesem Geschäft vergänglich. Aber ein einfacher Blick auf Ursache und Wirkung sollte Ihr Vertrauen auf Meinungsmacher stärken.

Drei Beispiele, die den Einfluß von Georg Soros zeigen:

* Gold - Er bestätigte den Kauf von Newmount Mining. Die Aktie schnellte von $3 auf $45.

* Letzten Juni ging er eine Partnerschaft mit British Land ein. Der Kurs sprang von 46 Pence auf 344 Pence.

* Am 9. Juni schrieb er, die D-Mark würde fallen. Der Dollar gewann über einen Pfennig gegenüber der D-Mark.

Diese Nachrichten waren nicht für Insider. Sie waren für jeden Nachrichtenleser zugänglich. In dieser Zeit der Techniker, sollten Sie sich vielleicht an Ihren alten Journalismuskurs erinnern. Noch vor nicht allzulanger Zeit traf ich einen Repräsentanten der Deutschen Bundesbank, der in den USA war, um den Währungsmarkt zu untersuchen. Nach einigen kurzen Gesprächen fand ich heraus, daß der eigentliche Grund war, herauszufinden, wie die Deutsche Bundesbank von Meldungen oder Pressekonferenzen, die von außerhalb Deutschlands kommen, profitieren kann. Wenn die Bundesbank Nachrichten veröffentlichen will, die positiv oder negativ für ihre Währung sind, möchte sie davon profitieren. Überrascht? Ich zumindest war es. Regierungen, die Positionen in den Terminmärkten eingehen! Wer hätte das vor 10 Jahren gedacht?

Wie man Kontakte zu Meinungsmachern knüpft

Und so wird's gemacht:

* Fragen Sie Ihren Broker, wer in der Branche „etwas bewegt".

* Versichern Sie sich, daß sie glaubwürdig sind und respektiert werden.

* Achten Sie darauf, daß Sie nicht auf Nachrichten reagieren, bevor ein wichtiger Bericht herauskommt.

* Lesen Sie den Finanzteil der *New York Times*. Merken Sie sich, wer zitiert wird.

* Abonnieren Sie eine ausländische Zeitung. Ich schlage die *Financial Times* vor.

* *The Wall Street Journal* eignet sich hervorragend dafür, eine Gegenpositionen einzugehen. Wenn die Zeitung auf steigende Kurse setzt, sollten Sie eine Short-Position in Erwägung ziehen.

* Erkennen Sie den Unterschied zwischen einer Public Relation-Meldung und einem soliden Finanzbericht.

* Handeln Sie nie - niemals gegen die Ansichten von Dan Dorfman, einem der führenden Finanzkolumnisten.

* Markieren Sie sich in Ihren Charts, wann fundamentale Nachrichten bekanntgegeben werden. Trennen Sie diese in verschiedene Kategorien, von Regierungsberichten bis Gerüchten.

* Vermeiden Sie Meinungsmacher, die vorschlagen, die Position zu verdoppeln, wenn Sie im
Verlust sind.

* Prüfen Sie die Gewinnaufstellungen; lassen Sie sich einen Bestätigung der NFA für die Aufstellungen der Telefon Hotline Gurus geben. Wahrscheinlich geben Sie nur Signale von Computersimulationen weiter.

* Erstellen Sie Ihre eigene Datenbank von renommierten Tradern. Bieten Sie ihnen an, Informationen über Modem auszutauschen.

TIP 7
Sind wir „Limit Up"?

Bei den meisten Terminkontrakten gibt es Limits. Das ist die maximale Kursbewegung, die innerhalb eines Tages möglich ist. Wenn ein Markt Limit Up eröffnet und die Kurse dann langsam fallen, ist das ein potentieller Leerverkauf. Der Floor hat hier einen Vorteil, weil sie wissen, wie stark die Bids sind. Wenn die Bids schwach sind, wird der Markt mit Sicherheit fallen. Wenn der Markt Limit Up ist, rufen Sie Ihren Broker an und fragen Sie, wie stark die Bids für den jeweiligen Future sind. Die meisten Broker kommen an diese Information heran. Bei dem geringsten Anzeichen von Schwäche, oder wenn der Markt 30 oder 40 Minuten lang nicht mehr im Limit ist, machen Sie sich bereit zu verkaufen.

TIP 8
Söldner des Vormittags

Der Markt wird gegen 17.30 Uhr MEZ ruhiger. Die Richtung, in der er abdriftet, deutet auf die Richtung für den Rest des Tages hin. Zu diesem Zeitpunkt haben die Spekulanten ihre Trades getätigt und das „Schlachtfeld" ist für den Rest des Tages vorbereitet. Viele Trader möchten abwarten und entscheiden, auf welcher Seite sie an der Schlacht teilnehmen. Ähnlich wie ein Söldner wollen sie für diejenige Seite kämpfen, die ihnen am meisten zahlt. Sogar sie gehen am liebsten mit dem Trend.

Söldner kennen wirklich weder Treue noch haben sie eine Meinung. Die Masse entwickelt schon eher eine Treue oder Überzeugung für eine Seite des Marktes. Obwohl das bewundernswert ist, ist es nicht die Handelstaktik, die Profis anwenden. Wenn die Trader sehen, daß das Volumen abbröckelt, wissen sie, daß die Bewegung für diesen Tag fast vorbei ist.

Verschiedene Software-Programme leisten bei der Anzeige des Volumens während des Handelstages gute Dienste. Um ein Söldner zu sein, warten Sie, bis der Markt ein neues Hoch bei geringerem Volumen erreicht und dann „verkaufen Sie den Markt mit beiden Händen" (Redewendung unter Tradern). Das können Sie aber nur dann tun, wenn Sie relativ sicher sind, daß die Bewegung vorbei ist.

Trader untersuchen ebenfalls die *Liquidity Data Bank* und bekommen so eine Vorstellung von Volumen und Preis. Und wenn alles andere scheitert, können die Trader immer noch die technischen Kommentare der führenden Nachrichtendienste aufrufen.

Eine konservativere Vorgehensweise wäre es, alle kurz- und längerfristigen Trends des jeweiligen Marktes zu kennen. Sobald ein neues Hoch oder Tief bei höherem Volumen erreicht wird, gehen Sie mit dem Markt.

TIP 9
Der Commitment of Traders-Bericht – Ihre Steuergelder bei der Arbeit

Dieser Bericht wird zweimal im Monat von der Regierung veröffentlicht. Er vermittelt eine Vorstellung davon, welche Positionen von den verschiedenen Marktteilnehmern gehalten werden. Die meisten Trader schauen auf die Positionen der kleinen Spekulanten, da diese häufig falsch liegen. Ihr Broker sollte Ihnen die Ergebnisse dieses Berichts geben können.

Wenn die kommerziellen Anleger Long und die Spekulanten Short sind, folgen Sie den kommerziellen Anlegern.

Wenn Ihr Handelssystem Long ist und der *Commitment of Traders* Bericht aufzeigt, daß die kommerziellen Anleger Short sind, dann ziehen Sie in Erwägung, Verkaufoptionen auf Ihre Position zu kaufen.

Es gibt noch andere Kombinationen. Sie können Kaufoptionen auf Ihre Position verkaufen oder einen Ratio Spread eingehen. Erinnern Sie sich an die Science Fiction Serie, bei der der Ausdruck „gelber Alarm" verwendet wurde? Die kommerziellen Anleger im Markt sind Ihr gelber Alarm. Ein sehr starkes Signal entsteht, wenn fundamentale Anleger und der *Commitment of Traders*-Bericht in dieselbe Richtung weisen.

Dieses Signal wird oft den Tradern berichtet:

Sojabohnen sind heute massiv schwächer ... fundamentale Trader verkaufen aufgrund einer trockeneren NWS 6-10-Tage-Vorschau. Technische Trader verkaufen, da laut dem Commitment of Traders-Bericht eine große Anzahl von spekulativen Long-Positionen gehalten werden und diese Zahlen bedeuten, daß nur noch wenig „Triebkraft" für eine weitere Rallye vorhanden ist. (Data Transmission Network Broadcast ... 26. August 1993)

Hier wird deutlich: Eine Rallye, die durch Spekulanten angetrieben wird, ist ein frühes Warnsignal. In diesem Fall waren die kommerziellen Anleger Short und die Masse spekulierte auf steigende Kurse und lag damit falsch. Wenn es sich zeigt, daß zu viele Privatanleger in dieselbe Richtung engagiert sind, legen Sie Ihre Stops höher, nehmen Sie Ihren Gewinn mit oder sichern Sie Ihre Position mit Optionen ab.

TIP 10
Der S&P lügt nicht

Jeff Jacobsen, ein ehemaliger S&P-Arbitrageur und Geschäftsführer von „Listen Only", warnt die Trader: Ein potentielles Verkaufsignal ergibt sich, wenn der Dow Jones neue Hochs erreicht, der S&P an der Chicago Mercantile Exchange jedoch nicht. Umgekehrt gilt bei starken Kursanstiegen im S&P, denen der Dow Jones nicht folgt: Investieren Sie in Richtung des S&P.

Jeff weist ebenfalls darauf hin, daß in 90 Prozent der Fälle der S&P-Terminkontrakt im Laufe des Handelstages zum Vortagesschluß zurückkommt. Er schlägt vor, daß eifrige Trader warten sollten, bevor sie zu früh Long- oder Short-Signale befolgen.

Weiter Informationen über „Listen Only" bekommen Sie von Jeff unter 312-648-3800.

TIP 11
Antworten Sie nicht auf ein falsches Gebot

Es ist nicht ungewöhnlich, daß Nachrichtendienste vorbörsliche Kurse veröffentlichen. Ab und zu öffnet der Markt entgegengesetzt zu den vorbörslichen Kursen. Warten Sie nach der Eröffnung drei Minuten und verkaufen oder kaufen Sie in die Richtung, in die sich der Markt bewegt. Vergewissern Sie sich, daß es die Richtung des Marktes ist und nicht die der falschen vorbörslichen Notierung.

Dank an Ben Cowell & Hermann für diesen Tip.

TIP 12
Der Tip für den Dienstag

Preise haben die Tendenz, Gewinne vom Montag am Dienstag wieder abzugeben. Wenn das nicht geschieht, könnte das ein Signal für einen neuen Trend sein. Die Floor-Trader wissen, daß montags nach den Empfehlungen von Börsendiensten viele Long-Positionen in schwachen Händen sind.

Dick Quiter, ein Broker/Trader, ist ein Experte in dieser Technik. Sie erreichen ihn unter 1-800-234-8540. Fragen Sie ihn nach seinen „Tuesday Calls".

TIP 13
Reagieren Sie nicht
bei Treasury-Auktionen

Mein Freund, James Szpila, ein Bond-Broker an der Chicago Board of Trade warnt, daß zu Zeiten von Treasury-Auktionen der Markt wegen Geldrückführungen anfällig für starke Bewegungen ist (7-10 Ticks an einem Stück). James weist darauf hin, daß sich die Händler hauptsächlich absichern und daß technische Entscheidungen nicht wichtig sind. „Während dieser Zeit handle ich nicht," meint Szpila.

James beobachtet auch die besten und erfolgreichsten Trader der CBOT. Er bemerkt, daß sie bei einem Trade im Bond Future nie mehr als 5 Ticks der Kursbewegung mitnehmen. Und die meisten haben keine Position, wenn am ersten Freitag im Monat die Arbeitslosenzahlen bekanntgegeben werden. Die meisten Kunden von James rufen direkt im T-Bond- oder T-Note-Pit an. Er kann ihnen ein Gefühl für den Markt geben und erinnert sie an diese Berichte und Auktionen

... und er kann ihnen Ausführungen innerhalb einer Sekunde geben.

TIP 14
Wenn Währungen über Nacht ein Gap erzeugen

Investieren Sie in Richtung des Gaps. Wenn der Schweizer Franken oder irgendeine andere Währung über Nacht ein Gap nach unten erzeugt und an der Chicago Mercantile Exchange schwächer eröffnet, versuchen Sie in Richtung des Gaps zu traden. Das ist meist gut für 15 oder 25 Punkte. Wenn Sie Kurse telefonisch abfragen müssen und Währungen über Nacht kurzfristig handeln, sind Sie im Nachteil. Sie sind dann kein Trader mehr. Sie haben sich in die Reihe der allgemeinen Spekulanten eingereiht.

Meine Mitarbeiter, die in der Nachtschicht arbeiten, haben eine Redewendung:
Keine Kurse - keine Anhaltspunkte.

TIP 15
Glauben Sie nicht zu schnell Gerüchten

Das ist es, was die Masse denkt. Wie machen es die Profis? Verkaufen, wenn die Firmenbosse zuerst den Analysten schlechte Nachrichten mitteilen. Kaufen, wenn sie gute Nachrichten der Öffentlichkeit mitteilen.

Analysten rufen laufend Firmen an und fragen, wie die Geschäfte so laufen. Analysten erstellen für gewöhnlich Firmenanalysen für Kunden und möchten damit nicht falsch liegen. Sie revidieren lieber eine Schätzung, als Unrecht zu haben, wenn die Geschäftsberichte veröffentlicht werden. Kürzlich rief B.J. Services Company, ein Öl- und Benzin-Service-Konzern, Analysten an, um ihnen mitzuteilen, daß die erwarteten Umsatzzahlen nicht erreicht werden könnten. Die Investoren, die diese Nachricht erhielten, verkauften zu einem guten Preis. Und für den Rest von uns: Schade darum. Der *New York Times* zufolge glaubte die Firma, nichts falsch gemacht zu haben und deutete an, in Zukunft etwas vorsichtiger zu sein.

Kennen Sie die Analysten bei Ihrem Broker? Falls nicht, fangen Sie an, neue Freundschaften zu schließen.

TIP 16
Den Widerstand messen

Diese Technik wird von Tradern verwendet und benötigt jeden Morgen nur wenige Sekunden Zeit. Es ist eine bequeme Art, den Widerstand zu messen. Das Verhältnis mißt die relative Menge an gehandelten Kontrakten relativ zur Tagesbewegung. Wenn das Verhältnis steigt, können Sie davon ausgehen, daß die Trader in den Märkten engagiert waren. Ich möchte anmerken, daß dies eine subjektive Technik ist. Das ist wieder ein kleines „Hilfsmittel", das Floor-Trader gerne vor Beginn des Handelstages verwenden.

>**Anzahl der gehandelten Kontrakte (erhältlich aus der Zeitung).**
>**Geteilt durch (Hoch) - (Tief) (auf täglicher Basis).**

TIP 17
Die Strategie der Haltekosten

Wenn Sie die verschiedenen Monate auf der Anzeigetafel an der Chicago Board of Trade betrachten, werden Sie feststellen, daß die verschiedenen Monate zu unterschiedlichen Preisen gehandelt werden. Der Frontmonat oder auch vordere Monat ist für gewöhnlich der von der Masse am meisten gehandelte Kontrakt. Es gibt eine starke Tendenz des Frontmonats, gegenüber den weiter entfernten Monaten zu gewinnen. Die Schwierigkeit ist, zu wissen, wann dies der Fall ist.

Während der meisten Zeit warten die Trader auf den „First Notice Day". Genau zu diesem Zeitpunkt steigen Sie ein. Mit einer Wahrscheinlichkeit von 77 Prozent gewinnen Sie, wenn Sie auf diese Weise einsteigen. Sie müssen sich aber im klaren sein, daß Sie angedient werden können. Das Problem, daß Sie haben konnten, dürfte Ihr Broker sein. Üblicherweise zeigen sich die Broker bei so einer Strategie wenig kooperativ. Es zahlt sich aus, wenn Sie diese Strategie mit dem Broker absprechen, bevor Sie ein Konto eröffnen. Wir kennen Broker, bei denen dieser Trade möglich ist.

TIP 18
Trading ohne Stops

Ein Grund, warum Spekulanten verlieren, ist, daß ihre Stops ausgelöst werden. Und dann läuft der Markt zum ursprünglichen Einstiegskurs zurück. Das ist bei Futures öfter der Fall als bei Aktien, aber es kann sich als frustrierend erweisen. Wenn ich jedoch die kommerziellen Anleger große Positionen traden sehe, sehe ich sie nie einen Stop legen. Niemals sagte jemand: „Wir haben die Stops der kommerziellen Anleger abgeholt."

Es stimmt, daß die kommerziellen Anleger wesentlich mehr Geld haben und das Produkt besitzen, das sie traden. Sie können ebenso wie ein kommerzieller Anleger traden. Aber Sie verwenden dafür Optionen. Sie kaufen einfach Calls, wenn die kommerziellen Anleger Futures kaufen und kaufen Puts, wenn sie Futures verkaufen. Bitte beachten Sie, daß dies der einzige Zeitpunkt ist, zu dem Sie ohne Stops traden sollten. Optionen sind effektiv und nicht nur für Großanleger gemacht.

Aus der Ausgabe vom 29. Mai der *New York Times*:

Für konservative Anleger, die sich schlaflos herumwälzen, wenn ihr Portefeuille absackt, können Aktienoptionen die Rendite erhöhen, Stabilität in das Portefeuille bringen und vielleicht sogar zu einem ruhigen Nachtschlaf verhelfen. Natürlich bekamen Optionen ihren Ruf als Glücksspiel nicht ohne Grund. Bei spekulativer Anwendung, oder um große Blöcke von Aktien zu kontrollieren, können Optionen riesige Verluste erzeugen, wenn der Anleger dadurch gezwungen wird, Aktien über dem aktuellen Preis zu kaufen oder darunter zu verkaufen. Aber solange der risikofreie Zinssatz bei Treasury Bills um die drei Prozent schwankt, kommen sogar konservative Anleger durch die Prämie, die sie durch den Verkauf von Optionen einstecken können, in Versuchung.

Wenn Sie im Futures-Markt handeln, wählen Sie nicht nur die Richtung des Marktes, sondern Sie müssen auch beim Einstiegspreis richtig liegen. Stellen Sie sich das einmal vor: Sie brauchen nichts anderes zu tun, als die Richtung korrekt einzuschätzen. Das ist „im Kern" das Schöne an Optionen. Jetzt müssen Sie ehrlich gegenüber sich selbst sein. Wenn Sie die emotionalen Schwankungen des Marktes brauchen, dann sind Optionen nichts für Sie. Wenn Sie jedoch von einem Markt eine feste Überzeugung haben und glauben, daß die fundamentalen Daten auf Ihrer Seite sind, dann ist der Handel mit Optionen eine Taktik, die Sie sicher durch die stürmische See des Tradings bringen wird.

TIP 19
Die Volatilität handeln

Es ist eine Tatsache, daß Optionshandel, der auf Volatilität basiert, ausgefeilter ist als derjenige, der auf Kursen basiert. Dies bedarf aufwendiger Hilfsmittel (z.B. Computer-Software). Der offensichtlichste Grund für Optionshandel, der auf Volatilität basiert, beruht auf der Beobachtung, daß sich Volatilität im Gegensatz zu den Kursen oftmals innerhalb deutlicher Grenzen bewegt. Oftmals kehrt die Volatilität nach einer extremen Bewegung zu einer Seite zum Normalzustand zurück, und das manchmal innerhalb kürzester Zeit. Es bedarf keiner besonderen Fertigkeit bei der Kursvorhersage, um auf Volatilität basierend zu handeln. Wenn Sie ein Volatilität-Trader werden, ist alles, was Sie möchten, daß sich die Kurse bewegen.

Optionshandel wurde mit 3D-Schach verglichen. Es gibt drei Dimensionen, die Sie beachten sollten: Preis, Zeit und Volatilität.

Jeder ist vertraut mit Optionen in Bezug auf den Preis. Das ist das Preis-Spiel. Über die Zeit kann man nicht viel sagen. Wir können eine Strategie zusammenstellen, die auf der Zeit basiert: Das ist aber für gewöhnlich der Verkauf von Optionen. Jetzt bleibt nur noch das Konzept der Volatilität. Das Auf und Ab der Preise ist es, was das Volatilitäts-Trading ausmacht. Stellen Sie sich vor, daß alles was Sie benötigen ist, daß sich die Preise bewegen oder innerhalb einer bestimmten Grenze bleiben. Das wird gewiß eine neue Dimension bei der Denkweise über die Märkte eröffnen.

Machten Sie schon einmal diese Erfahrung? Sie sind Long im Sojabohnen-Markt und als guter Trader legen Sie einen Stop Loss. Der Markt bricht ein, Sie werden ausgestoppt und der Markt steigt dann, genau wie Sie es ursprünglich erwartet hatten. Aber Sie sind nicht mehr im Markt. Auf lange Sicht gesehen hatten Sie Recht, auf kurze Sicht aber sind Sie aus dem Markt heraus. Hier ist ein anderes Beispiel: Bei dem

US-Dollar schaut es nach einer Bodenbildung aus. Das Problem ist, daß Ihre Charts widersprüchliche Signale geben. Sie glauben, daß sich der Markt dramatisch bewegen wird. Das Problem ist, daß Sie nicht wissen, in welche Richtung er sich bewegen wird. Jetzt haben Sie eine ungefähre Idee, warum wir Volatilitäts-Trading befürworten.

Wenn wir schon bei der Volatilität sind, lassen Sie uns über die MidAm Exchange sprechen. An dieser Börse werden kleine Kontrakte gehandelt. Wenn der Markt volatil wird, haben Sie an der MidAm immer noch die Möglichkeit, an dramatischen Bewegungen teilzuhaben. Vielleicht ist eine 175-Punkte Bewegung sinnvoller, wenn Sie um $ 6.25 pro Tick spielen - statt um $ 12.50.

Eine andere Alternative ist, einen Durchschnittspreis zu erhalten. Je höher der Preis, desto volatiler ist die Kursbewegung. Beachten Sie jedoch immer diesen einen Tip:

Tätigen Sie niemals einen Leerverkauf ohne Absicherung durch Futures oder Aktien.

TIP 20
Optionstaktik mit hohem Risiko: Für Futures-Trading

Diesen Trade können Sie nur einmal durchführen. Es kann nur ein Daytrade sein. Es muß in einem sehr liquiden Futures-Markt durchgeführt werden. Lumber zählt nicht dazu. Fertig?

Wenn ein Markt an drei aufeinanderfolgenden Tagen Limit Up ist, verkaufen Sie Calls zur Eröffnung des vierten Tages. Diese Calls sollten „Aus dem Geld" Calls sein. Wenn die Position länger als eine Stunde gegen Sie läuft, liquidieren Sie.

TIP 21
Der beste Tag zum Traden

Die besten (tiefsten) Kurse finden sich für gewöhnlich am Monatsende und die höchsten zu Monatsbeginn. Die meisten Broker sind am Monatsende gierig darauf, Commission zu machen. Durch ihre Verkaufsempfehlungen an die Kunden drücken sie den Markt nach unten. Dies führt zu tieferen Kursen.

Am Monatsanfang rufen die Broker an und empfehlen Trades, die Sie auf keinen Fall verpassen dürfen.

TIP 22
Die unbestätigte Eröffnung

Dies ist eine bevorzugte Technik der Floor-Trader. Wenn der Markt an einem Handelstag nicht oberhalb der Eröffnungsspanne schließt und es den Anschein hat, daß dies auch am zweiten Tag so sein wird, verkaufen Sie den Markt. Was meine ich mit „den Anschein hat"? Wenn nach zwei Drittel eines Handelstages der Markt immer noch schwächer und unterhalb der Eröffnungsspanne ist, verkaufen Sie einfach den Markt und riskieren Sie einen Kursanstieg zurück zur Eröffnungsspanne. Trader betrachten die Eröffnung als Bestätigung des Vortagsschlußkurses.

TIP 23
Die Regel von der 72

Trader verwenden diese handliche Regel für eine schnelle Beurteilung, wenn sie am Floor sind und keinen Taschenrechner zur Hand haben. Die Regel ist eine schnelle Antwort auf die Frage, wie lange es dauern wird, bis sich das Geld verdoppelt. Wenn Sie ein Investment mit 12 Prozent im Jahr haben, dauert es fast sechs Jahre, 72 geteilt durch 12, um das Kapital zu verdoppeln und 100 Prozent Rendite zu erzielen.

Wenn eine Firma behauptet, daß sich der Gewinn je Aktie in den letzten zehn Jahren verdoppelt hat, ist das gut? Teilen Sie 72 durch 10 Jahre und sie bekommen 7,2 Prozent - die Wachstumsrate in Prozent des Gewinns je Aktie.

Frage: Nach Abzug all Ihrer Ausgaben, wieviel verdienen Sie im Jahr durch das Traden?

Bei dieser Summe, wie lange würde es dauern, bis Sie Ihr Geld verdoppeln?

Teilen Sie jetzt die Zeit durch Stunden. Gefällt Ihnen das Ergebnis?

TIP 24
Tips für Nachtschwärmer zur Handhabung von Wendepunkten

Während der Nachtsitzung an der Chicago Board of Trade werden Bonds recht aktiv gehandelt. Meistens werden Kursbewegungen während der Nachtsitzung in der Tagessitzung wiederholt. Deshalb finden Trader nichts dabei, wenn sie eine

Position zum Ende der Nachtsitzung nicht schließen.

Diese Taktik kann von Nicht-Floor Tradern angewandt werden, die nachts traden und eine gewisse Sicherheit haben wollen, daß sie während des Tages aus der Position herauskommen.

TIP 25
Handel mit Aktien bei Aufwärtstrends

Jay Adler, ein ehemaliger S&P-Trader, meint dazu:

> *Beim amerikanischen Aktienmarkt erzeugen Handelssysteme eher Fehlsignale bei Verkaufssignalen als bei Kaufsignalen. Dieser Markt ist seinem Wesen nach ein Markt für Aufwärtstrends und er tendiert auf lange Sicht dazu, stärker zu steigen, als die Inflationsrate. Die dort gelisteten Aktiengesellschaften beschäftigen Leute, die daran arbeiten, den Wert ihrer Firma zu steigern. Dies steht im Gegensatz zu Commodities, deren Marktwert nicht vom Wert der Arbeit der Mitarbeiter profitiert. Durch Bildung von Vermögenswerten und Wachstum wird mit der Zeit die Nachfrage nach Aktien das Angebot übersteigen. Da die im Laufe der Zeit investierte Arbeit belohnt wird, begünstigt die Zeit höhere Aktienbewertungen.*

Jay glaubt, daß es nicht notwendig ist, daß sowohl Kauf- als auch Verkaufsignale funktionieren müssen, um erfolgreich traden zu können. Handelssysteme für nur eine Richtung bieten genügend Gewinnmöglichkeiten, vorausgesetzt man benutzt eine ergänzende Handelsstrategie, um das Trading zusätzlich zu erweitern. Man kann sicherlich argumentieren, daß der amerikanische Aktienmarkt generell mehr steigt als fällt und deshalb Verkaufsignale leichter auslöst, als Kaufsignale.

1. Stärken Sie Ihre Kaufpositionen und schützen Sie sich vor Verkaufsignalen, indem Sie zuerst eine bullische Position eingehen.

2. Verwenden Sie Verkaufsignale, um einen Teil oder Ihre gesamte bullische Position einzudecken oder abzusichern.

3. Wenn Sie Ihre gesamte bullische Position eingedeckt haben und das Signal sich als falsch erweist und der Markt weiter steigt, verlieren Sie.

4. Sie sind entweder den Markt Long, haben sich abgesichert oder haben einen Teil Ihrer Position abgesichert.

5. Im wesentlichen handeln Sie mit dem langfristigen Trend des Marktes, der gestiegen war.

6. Sie benutzen höchstwahrscheinlich Optionen zur Absicherung von Kursverlusten, wenn Sie ein Verkaufsignal bekommen.

DISKUSSION UNTER TRADERN: Prüfen Sie die Rallye:

Rallye durch Angebot oder Nachfrage
In einem Bullenmarkt wird der Markt versagen, der aufgrund der Beobachtung des Angebots steigt. Ein Markt, der aufgrund von Nachfrage steigt, hat das stärkste Potential für große Gewinne. Steigt der Markt aufgrund des Angebots oder der Nachfrage? Nachfrage muß von den kommerziellen Anlegern oder den Endverbrauchern kommen. Ohne sie nährt die Masse die Rallye und das bringt im Endeffekt nichts ein.

Wetterbedingte Rallye
Wenn das Wetter eine Rallye entfacht hat, kann es sie auch beenden. Wenn Sie einen wetterabhängigen Markt traden, schließen Sie fundamentale Daten in Ihre technische Analyse mit ein. Nicht der Trend ist Ihr Freund, sondern der Wochen-

end-Wetterbericht ist es. Der wichtigste Faktor bei wetterabhängigem Handel ist der „240 Prog". Trader beobachten den „Prog" bei Ihren Kauf- oder Verkaufsentscheidungen vielleicht mehr, als den aktuellen Wetterbericht. Der „240 Prog", herausgegeben vom „National Meteorological Center", ist eine Wetterkarte mit einer breiten Palette an atmosphärischen Daten der nächsten 10 Tage. (10 Tage x 24 Std./Tag = 240 Stunden.)

TIP 26
Bleiben Sie in den Bonds über das Wochenende nur dann Long, wenn Sie risikofreudig sind

Solange die Vereinigten Staaten eine Weltmacht sind, wird jedes Wirtschaftsproblem Investoren veranlassen, Schutz hinter Amerikas Militärmacht zu suchen. Dazu werden gewöhnlich Bonds oder andere Staatspapiere verwendet. Wochenenden haben sich als wichtige Wendepunkte für Katastrophen erwiesen. Insider wissen für gewöhnlich von diesen Ereignissen, bevor sie eintreten. Verbindungen zu militärischen und auswärtigen Dienststellen liegen außerhalb der Möglichkeiten der meisten technischen Trader. Am besten ist es, sich über das Wochenende Staatspapiere als „Sicherheitsgurt" anzulegen. Optionen sind hier eine sichere Möglichkeit.

TIP 27
Ein Bullen-Markt hat keinen Widerstand

Und ein Bären-Markt hat keine Unterstützung. Mein Freund Bill Eng, der über Daytrading schreibt, erwähnt dies oft bei seinen Seminaren. Trader wissen dies und die Masse wird oftmals ausgetrickst, wenn Sie bei einer starken Rallye verkauft und bei großen Kurseinbrüchen kauft, während der Rest der Welt in die entgegengesetzte Richtung geht. Wenn der Markt, den Sie handeln, ein Monatshoch übersteigt oder ein Monatstief unterschreitet, gehen Sie nicht in die entgegengesetzte Richtung.

TIP 28
Treasury Bond-Futures folgen nicht immer dem Zinssatz

Tatsache: Kassa-Bonds und Bond-Futures an der Chicago Board of Trade bewegen sich mit unterschiedlicher Geschwindigkeit. Am Tag der Andienung laufen jedoch der billigste Andienungswert und der Terminkontrakt zum selben Preis zusammen. Denken Sie daran, daß der Terminkontrakt kein Index ist, der nach den Werten des Spotmarktes gewichtet ist. Der Kontrakt spiegelt den Korb an lieferbaren Arten von Staatspapieren wider. Wenn Sie ein Futures-Trader und insbesondere ein Spekulant sind, lassen Sie sich nicht durch Veröffentlichungen beirren, die die Wichtigkeit des Kontraktes als nützliches Mittel zur Absicherung und Zinsindikator verneinen. Firmen, die sich absichern möchten, können den Futures-Markt um mehr als einen Basispunkt bewegen. In diesem Markt kann man leicht in die Irre geführt werden, wenn die Hedger agieren und Ihre technischen Indikatoren in die falsche Richtung zeigen. **Anstatt sanft zu reagieren, neigen Bonds auf wirtschaftliche Eckdaten zur Überreaktion.**

Sie werden viele Trader über den T-Bill / Eurodollar (TED) Spread reden hören. Dies ist ein traditioneller Trade auf die Zinsrichtung. Eurodollar werden durch keine Regierungsstelle garantiert, deshalb fordern Investoren in diesen Instrumenten einen höheren Zinssatz im Vergleich zu T-Bills, bei denen es sich um regierungsgarantierte Instrumente handelt. Seit 1984, als die Notenbank einen maximalen Einlagenzins abschaffte, betrug der Zinsspread zwischen Kassa T-Bills und Eurodollar durchschnittlich 7,6 Prozent.

Trader wissen, daß sich der TED Spread ausweiten dürfte, wenn die kurzfristigen Zinsen steigen.

TIP 29
Der eine Grundsatz, den jeder vergißt

Um einen langfristigen Ausblick darüber zu erhalten, wohin die Wirtschaft geht, schauen Sie sich einfach die Preise von Immobilien und Grundbesitz an und die Steuern, die darauf erhoben werden.

Neben Regierungsberichten und den Berichten über Wohnungsbau ist das Verhältnis von Grundbesitz und die Gesundheit der gesamten Wirtschaft entscheidend. Der Zusammenhang zwischen Grundbesitz und Wohlstand besteht schon seit über einem Jahrhundert.

Während des neunzehnten Jahrhunderts erfuhren die Vereinigten Staaten einen ungeheuren Anstieg wohlstandsproduzierender Macht. Die Bevölkerung erwartete natürlich, daß arbeitssparende Erfindungen allen die Arbeit erleichtern und die Arbeitsbedingungen verbessern, und daß der enorme

Zuwachs an wohlstandserzeugender Macht die Armut für immer auslöschen würde.

Jetzt, wo wir in das einundzwanzigste Jahrhundert kommen, tauchen dieselben Probleme wieder auf. Nachdem die Armut in den Sechzigern gefallen war, ist sie heute wieder größer, als in den Siebzigern.

Die Bezahlung von Bauern dafür, nichts anpflanzen, die Besteuerung von Eigentumszuwachs und von Gebäuden statt von Grundbesitz werden in den kommenden Jahren sicherlich wesentliche Themen sein. Der große Maßstab für Inflation ist tatsächlich der Preis von Immobilien. Es könnte ein Fehler sein, die Gewerkschaften für hohe Preise verantwortlich zu machen, anstatt ein wachsames Auge auf den Grundbesitz zu richten.

In Chicago bietet die Henry Georg School Kurse und Tonbänder für Leute an, die näheres über die ökonomischen Grundlagen und das Verhältnis von Grundbesitz zum Wohlstand erfahren möchten. Kontaktadresse der Schule: 1772 W. Greenleaf, Chicago, Illinois 60626, Telefon: (312) 338-6698.

TIP 30
5,3 Prozent und fallend

Wenn die Arbeitslosenrate unter 5,3 Prozent fällt, dann kann man darauf wetten, daß die Inflation kurz bevorsteht. Trader wissen, daß die FED* unbarmherzig ist, wenn es darum geht, die Inflation zu bekämpfen. Erwarten Sie, daß sich die Rohstoffpreise erhöhen.

TIP 31
Verlassen Sie nicht den Pit, solange Sie noch eine offene Position haben

Floor-Trader verlassen den Pit nicht, solange sie noch eine offene Position haben oder bevor die Käufe und Verkaufe eingedeckt oder abgesichert wurden. Diese Regel wurde den Tradern vor über zwanzig Jahren gegeben. Eine aktualisierte Version dieser Regel wäre: Schalten Sie Ihren Computer nicht aus, bevor Sie ihre Position geschlossen haben, oder verwenden Sie einen Stop Loss.

TIP 32
Erkennen Sie einen guten Trade

Was hätten Sie lieber: 35 Tage lang jeden Tag eintausend Dollar oder einen Penny, der 35 Tage lang jeden Tag verdoppelt wird?

Wenn Sie sich für die tausend Dollar entschieden haben, sollten Sie besser noch einmal nachdenken, bevor Sie einen Trade eingehen. Nach 35 Tagen sind aus einem Penny 343.587.383,60 Dollar geworden.

Daytrading bedeutet nicht, daß an jedem einzelnen Tag gehandelt werden muß. Es bedeutet, daß man bei einer guten Trading-Möglichkeit Tag und Nacht bereit ist, zu traden.

TIP 33
Gute Trades bedürfen keiner Begründung ... schlechte hingegen schon

Wenn der Markt in Ihre Richtung läuft, ist es Ihnen egal warum. Wenn Sie verlieren, brauchen Sie eine Entschuldigung, einen Grund. Leiter der Research-Abteilung spielen diese Rolle recht gut. Sie liefern den Leuten genug Begründungen dafür, daß sie verloren haben. Die Logik kann eine Hotline oder ein in Leder gebundener Bericht sein. Broker machen gerne die Research-Abteilung für Verlusttrades verantwortlich. Wie lautet also die Antwort?

Machen Sie Ihre Analysen, bevor Sie mit dem Trade beginnen. Wenn Sie schief liegen, liquidieren Sie. Verschwenden Sie nicht ihre emotionale Energie mit der Frage nach dem „Warum". Sie können sich sicherlich an der Schulter Ihres Broker ausweinen, erwarten Sie aber nicht zuviel Sympathie, außer Sie traden weiter.

In dem Buch *The Art of War* (Sun Tzu, herausgegeben von James Clavell, New York: Delacorte, 1983) heißt es: „Der General, der eine Schlacht gewinnt, macht Berechnungen in seinem Tempel, bevor er in die Schlacht zieht. Der General, der eine Schlacht verliert, macht vorher nur einige wenige Berechnungen. So führen viele Berechnungen zum Sieg und wenige zur Niederlage."

TIP 34
Der Computer weiß nicht, wann Sie verlieren

Beim Handel im Pit weiß derjenige, mit dem Sie traden, ob Sie bei diesem Trade gewonnen oder verloren haben. Es gibt kein Verstecken. Keine Entschuldigungen. Kein Time And Sales*. Nach drei aufeinanderfolgenden Verlusten machen die meisten Trader eine Pause. Wenn Sie an Ihrem Computer traden, machen Sie nach drei Verlusten eine Pause. Denken Sie sich, die Leute vom Pit wären da. Dies ist ein kleiner Tip, der Ihren Handelstag retten kann.

TIP 35
Seien Sie schlauer als der Computer

Die meisten Leute sind es. Sie haben lediglich Angst vor dem Computer. Bei einem unserer ersten Computer-Trading-Seminare mit Apple-Computern lud ich Mr. Bernard Golbus ein. Er hatte kürzlich einen Schlaganfall und ich hielt es für sicher, daß er nicht teilnehmen würde. Einer der ersten, die kamen war jedoch Mr. Golbus. Er nahm nicht nur am Seminar teil, sondern kaufte sich später sogar einen Computer und nahm Privatunterricht. Sich in die Computerthematik einzuarbeiten, während man sich von einem Schlaganfall erholt, ist nicht einfach. Wenn es Mr. Golbus geschafft hat, können Sie es auch.

Setzen Sie sich mit der Volkshochschule in Verbindung und fragen Sie nach Computerkursen. Es gibt genügend Software, die den Trader von heute unterstützt. Sie sollten sich vergewissern, daß Sie und Ihr Broker ähnliche Programme verwenden. Und legen Sie sich ein Modem zu.

TIP 36
Eurodollar können der richtige Start sein

Der größte Pit an der Chicago Mercantile Exchange ist der Eurodollar Pit. Die meisten Anfänger denken aber, dort ist mehr los als beim S&P. Na gut. Beweisen Sie erst, daß Sie den Eurodollar traden können und dann können wir zum S&P gehen. Oder bevor Sie einen Space Shuttle fliegen können, starten und landen Sie erst eine Piper Cub.

Denen, die nicht glauben, daß man im Eurodollar Geld verdienen kann, empfehle ich die März 1995er Ausgabe des Magazins *Stocks and Commodities* zu lesen. Ein „Commodity Trading Advisor" zeigt, wie ein einfaches Trendfolge-System im Eurodollar konstant Gewinne erzeugt hat. Der Autor, Georg Panagakis, erwähnt vier Tips, die dem Nicht-Floor Trader nützlich sein können:

1. *Ein einfaches Trendfolge-System ist besser, als bei Kurseinbrüchen zu kaufen und Rallies zu verkaufen.*

2. *Orientieren Sie sich nicht an einem ähnlichen Markt, um herauszufinden, was Ihr Markt machen sollte.*

3. *Der gleiche Indikator funktioniert nicht für alle Märkte. Es sollten unterschiedliche Marktindikatoren verwendet werden.*

4. *Ein System kann mehr Verlusttrades haben als Gewinntrades ... werden Sie erstere nur schneller los.*

TIP 37
Was lesen Trader Woche für Woche?

Das ist einfach. Es sind die Börsenbriefe und Zeitungen, die hinter dem Ladentisch der Chicago Board of Trade und Chicago Mercantile Exchange liegen. Besonderen Dank für ihre Hilfe gilt Denise Love Walker, technische Assistentin der Bibliothek an der Chicago Mercantile Exchange. Die folgenden Publikationen sind am gefragtesten, so daß Sie den Führerschein als Sicherheit hinterlegen müssen: *Barron's, Grant's Interest Rate Observer, Cycles, Dow Theory Newsletter, Knight Ridder Commodity Perspektive (Chart Service), The Economist, Elliott Wave Theorist, Commodity Traders Consumer Report (nur für Buchbesprechungen), Technical Analysis of Stocks and Commodities Zeitschrift, Spread Scope, New York Times Wirtschaftsteil, Financial Times.*

Zu den Börsenbriefen gehören: The Coz Report, Synergy Fax, Formula Research, Gann-Elliott Cycle Report, The Free Market Letter, Linnco Research Reports, Hightower Reports, Inter-Day Dynamics, Peregrine Letter, Optima, Moore Research Report, KCBT Market Watch (Kansas City Board of Trade), periodische Briefe von Midas Capital Management von Mark Boucher und Dennis Gartman's Currency Letter.

Bestes Buch: *Winner Take All* von William R. Gallacher (Chicago: Probus, 1993).

TIP 38
Taktik ist besser als Technik

Was hat den gegenwärtigen Modetrend verstärkt, der Trader veranlaßt, über Indikatoren zu brüten und Taktiken zu vernachlässigen? Da die meisten technischen Indikatoren auf gleitenden Durchschnitten basieren, ist diese Praxis überflüssig. Wieviele Indikatoren braucht denn ein Trader wirklich? Drei sind genug. Bitten Sie denselben Trader, Options- oder Spread-Taktiken zu untersuchen und Sie werden ein klares „nein" oder „Taktik ist zu kompliziert" bekommen.

Bald springt unser hoffnungsvoller Trader vom Indikator *des Tages* zum Indikator der Woche und dann zu Zyklen. Auf dem Weg kann es noch zu einem kleinen Abstecher zu überkauft-/überverkauft Signalen kommen. Aber dann ist es zu spät. Ihnen wird das Geld ausgehen, bevor „den Gurus die Indikatoren ausgehen". Die meisten Trader wissen, daß die Märkte auf ihrem Weg nach oben vier Schritte vor und zwei zurück machen. Und während die technischen Indikatoren neu berechnet und den Marktverhältnissen angepaßt werden, verhält sich der Trader wie „ein blinder Hund beim Metzger": Dem „Filet" eines erfolgreichen Trades so nah und doch so fern. Die besten Trader sind gute Taktiker und nicht technische Analysten historischer Daten. Trader wissen dies und tricksen sich nicht selbst aus, indem sie Zeit investieren, um nach neuen Indikatoren zu suchen, die überflüssig sind.

Tony Donninger und Robert Mojin, Leiter des European Options Center in Mönchengladbach, besuchten kürzlich die Chicago Mercantile Exchange mit der ausdrücklichen Absicht, mehr Taktiken in ihr Trading einfließen zu lassen. „Sie können immer einen Indikator finden, der Ihre Position untermauern oder absichern kann, während Sie verlieren. Der Trick ist, eine Taktik zu finden, mit der man dasselbe erreicht, ohne zu verlieren."

Zur Zeit verwendet das European Options Center Call-Ratio-Spreads und Kalender-Spreads, um Strategien auszuführen.

TIP 39
Kapitalismus für die Mittelklasse, Sozialismus für die Reichen

Wohlüberlegte und sorgfältig gestaltete Presseverlautbarungen, die die öffentliche Meinung beeinflussen, sind Propaganda. Erinnern Sie sich an die Sensationsnachrichten über den freien Handel mit Mexiko und die zahllosen wirtschaftlichen Vorteile für unsere Wirtschaft?

Kannte unsere Regierung die Wahrheit nicht? Unzählige Dokumente, einschließlich Quellen der mexikanischen Regierung und des CIA bestätigen, daß altgediente Regierungsbeamte bereits von den Schwierigkeiten der mexikanischen Regierung und Wirtschaft gewußt hatten, bevor die Blitzaktion des freien Handels gestartet ist. Die Politiker drängten jedoch auf ein Abkommen und bekamen es. Dann brachen der Peso und die mexikanische Wirtschaft zusammen.

Dem amerikanischen Bürger wurde eine Rechnung über $ 12 Milliarden präsentiert. Wir beschützten die reichen Spekulanten, die in mexikanische Bonds mit hoher Rendite investiert hatten. Versuchen Sie dasselbe für den Amerikaner der Mittelklasse zu erreichen und Sie hören das Argument: „Die Regierung kann keine Investments garantieren."

Trader betrachten Wirtschaftsnachrichten (Statistiken, die nicht von der Regierung kommen) mit einer gesunden Portion an Skepsis. Wenn Sie das nächste Mal Ungereimtheiten von führenden Mitgliedern der Regierung hören, die einen Vertrag unterstützen, ein Wirtschaftsprogramm oder eine Währung verteidigen, nehmen Sie dann die andere Position des Trades ein. Der beste Weg, ein solches Programm zu entdecken, ist, auf folgende Phrase zu achten: „Das wird nicht nur gut für Ihre Kinder sein, sondern auch für deren Kinder."

TIP 40
Gesundheit führt zu Wohlstand

Obwohl Trader tausende von Stunden damit verbringen, eine tägliche Routine zu entwickeln, von der sie hoffen, daß sie erfolgreich sein wird, vertrauen sie mehr auf die Hightech-Hilfsmittel wie Computer und vergessen den Grundsatz Nummer 1 der Athleten: Bleib gesund.

Trader wissen, daß Alkohol, Koffein, Nikotin und Tabletten die Trading-Performance beeinflussen können. Bevor Sie in die psychologischen Aspekte des Tradens eintauchen und Mangel an Disziplin für Ihr erfolgloses Trading verantwortlich machen, entwickeln Sie irgendein Übungsprogramm. Die meisten emotionalen Entscheidungen werden gefällt, wenn Trader zu wenig Schlaf haben. Sie tendieren dazu, irrationale Trading-Entscheidungen zu treffen, die einen guten Trading-Plan gefährden. Wenn es Ihre Art ist, einen guten Trading-Tag zu feiern, indem Sie das reichhaltigste, fetteste Essen zu sich nehmen, wird Ihr nächster Trading-Tag ein Disaster werden.

Kommen Sie über einen Trading-Tag ohne vier Tassen Kaffee? Kann es Ihr Broker?

Jedes Seminar, das Cocktails oder Pizza bietet oder chemiebeladenes Essen fördert, weiß nichts über die Wichtigkeit von Ernährung und Trading. Bei unseren Seminaren versuchen wir, die Leute zu einem Besuch im East Bank Health Club in Chicago zu ermutigen. Tatsächlich wird ein Teil unserer Seminare dort abgehalten. Schauen Sie sich die besten und erfolgreichsten Trader an. Die meisten schauen gesund aus. Es gibt viele Fitness-Firmen, die mit Ernährungsprodukten handeln. Sie können sich mit 24 Carrot Services, Inc. in Verbindung setzen, einer Firma in Madison, Wisconsin. Marc Levy ist der Eigentümer und handelt Trader per Computer.

TIP 41
Die Sache mit der Zielsetzung

Im September 1988 schrieben Susan Arenson und ich einen Artikel für die Zeitschrift *Stocks and Commodities*. Nach Jahren des Tradens und der Seminartätigkeit sind dieselben Ideen noch immer gültig. Grundsätzlich stellten wir fest:

> *Bei jedem Vorhaben kann Ihnen das Setzen von Zielen ein stärkeres Gefühl für die Richtung geben, Ihnen helfen, sich produktiver zu fühlen, Ihre Anstrengungen zu mobilisieren und Ihre Aufmerksamkeit auf die aktuelle Aufgabe zu richten. Wenn Sie sich Trading-Ziele setzen, stärken Sie nicht nur Ihre Beharrlichkeit bei der Entwicklung im Trading, sondern Sie vermindern auch Ihre Angst, da Sie sich darauf konzentrieren, ein disziplinierterer Trader zu werden.*

TIP 42
EEK!

Das ist kein Schrei. Es ist vielmehr das Abzeichen eines CBOT Mitglieds mit 40-jähriger Trading-Erfahrung. Während eines kürzlichen Seminars für Mitglieder stellte EEK zwei Punkte fest, die für seinen guten Ruf sprechen:

1. Es ist niemals zu früh, einen Verlust mitzunehmen. Anders ausgedrückt: Verluste können gar nicht schnell genug begrenzt werden.

2. Ein schlechter Trade kann Ihnen den Tag ruinieren ... und kann Ihre Woche ruinieren, Ihre Karriere und Ihr Leben.

Es scheint so einfach und offensichtlich. Während die Masse sich darauf konzentriert, ein Vermögen zu machen, kümmern sich die Profis darum, wie sie Verluste handhaben. EEK ist seit über 40 Jahren präsent. Der durchschnittliche Privatanleger verschwindet innerhalb von 14 Monaten.

Es ist keine Schande, falsch zu liegen. Aber in einer falschen Position zu bleiben, bringt Sie in Schwierigkeiten. Der Markt fordert einen hohen Preis für Selbstüberschätzung.

The Church Mouse, Wolverine, Sneaky Pete, The Gann Man (John Sievers) und andere Trader, die mit mir traden, stimmen ebenfalls EEK zu.

TIP 43
Sie verdienen heute eine Pause!

Wurst, Bockwürste, Salami, Hamburger - wenn Sie sie schon konsumieren, warum nicht auch damit handeln? Als handelbarer Rohstoff ist der Fleischkomplex unempfindlicher gegenüber internationalen Situationen und Marktschocks.

Anbieter von Fertiggerichten, Hotels und Restaurants sind gut für 50 Prozent des Gesamtverbrauchs an Rindfleisch. Da es teuer ist, Speisekarten zu ändern, haben die Anbieter von Speisen ein Interesse an stabilen Preisen. Der Handel mit Fleisch hat sicherlich nicht das internationale Flair des Schweizer Franken, aber der Handel mit Bockwürsten macht es Ihnen möglich, den Capriolen volatiler Märkte zu entgehen.

TIP 44
Der ultimative Tip - und er könnte grausam sein

Er kommt nicht vom Floor oder den Börsen. Er geht aus den neumodischen Arten von Schuldurkunden hervor und wird durch Finanzexperten, die in der Finanzpresse auftauchen, an den Markt gebracht. Einige sind schon angekommen. Sie treten in Talkshows auf und preisen überschwenglich eine neue Ära des Wirtschaftslebens an. Während des Crashs 1987 waren sie Teenager und kennen von beiden Seiten nur die Kaufseite.

Wenn sich Einzelpersonen und Institutionen von der Befriedigung des Geldscheffelns hinreißen lassen, vergessen sie die Grundregel der Wirtschaft: Man bekommt nichts geschenkt. John Kenneth Galbraith drückte das am besten aus:

> *Nichts wird im Wirtschaftsleben so vorsätzlich mißverstanden, wie eine Zeit großer Spekulation. Wenn sich eine aufgeregte Stimmung am Markt breitmacht oder eine Anlagemöglichkeit umgibt, wenn es die Behauptung einer einmaligen Anlage gibt, die auf einer besonderen Voraussicht beruht, dann sollten sich alle vernünftigen Leute absichern, denn dann ist höchste Vorsicht geboten.*

Heutzutage sind die Banken Industriebetriebe und nicht mehr Kreditunternehmen. Sie handeln ihre eigenen Erzeugnisse und wandern immer mehr von ihrem Hauptgeschäft, dem Kreditgeschäft, ab. Durch Commodity-Fonds und große Spekulanten kann sich ein finanzieller „Weckruf" innerhalb von Stunden in eine finanzielle Panik umkehren. Wir leben in einer anarchistischen, globalen Wirtschaft, in der Trillionen Dollar unangemeldeten Kapitals, jenseits einer Kontrolle der meisten Regierungsstellen, umherfließen.

Wenn Sie sehen, wie neue Kontrakte präsentiert werden, die keinen wirklichen wirtschaftlichen Wert haben, und neue Broker eine enorme Anzahl an Investmentfonds verhökern, denken Sie daran, daß die nächste Korrektur mehr als nur eine Korrektur sein wird. Sie wird mehr sein als ein Tip, sie wird wirtschaftliche Realität sein. Legen Sie Ihren Stop Loss jetzt. So wie eine steigende Flut alle Boote tragen kann, kann ein sinkendes Schiff all seine Passagiere mit in die Tiefe nehmen. Stellen Sie fest, wo Ihre finanziellen „Rettungsringe" sind und tragen Sie sie. In einer globalen Wirtschaft kann sich die Stimmung der Investoren mit dem Klicken der Computer-Maus ändern. Diese Stimmung beginnt sich zu verändern.

TIP 45
Breakout-Systeme funktionierten großartig zwischen 1980 und 1991

Wenn Sie also ein „Breakout System"* kaufen oder eines mit Kursen der 80er testen, so ist dies für das jetzige Trading-Umfeld unerheblich.

Besonderen Dank an John Strawa und Floor Trader „Bird Brain" für dieses kleine Glanzstück.

TIP 46
Trader verabscheuen es zu kaufen, wenn am Montagmorgen der Markt mit einem Gap öffnet

Überlegen Sie zweimal, bevor Sie einem Markt hinterherlaufen. Gehen Sie in die Gegenrichtung. Brauchen Sie Hilfe bei Gap-Eröffnungen? Rufen Sie Don „The Big Cat" an, unter 312-902-6605.

TIP 47
Ein Mini-Kurs in Optionen

Optionen bieten dem Investor die Gelegenheit, an Preisbewegungen in den Terminmärkten zu profitieren. Der Optionskäufer hat die beruhigende Gewißheit einer Position mit begrenztem Risiko und unbegrenzten Gewinnmöglichkeiten.

Optionen ermöglichen es - oftmals innerhalb kürzester Zeit - erhebliche Gewinne zu realisieren - und das mit einem relativ moderaten Investment und einem vorausbestimmten, begrenzten Risiko. Wenn Optionen gekauft werden, ist das maximale Risiko der Kaufpreis der Option, die Optionsprämie, und natürlich die Transaktionsgebühren. Wenn Sie Optionen kaufen, vermeiden Sie den Alptraum eines Investors, den Margin Call: *Innerhalb kürzester Zeit zusätzliches Geld nachschießen zu müssen, um die Position zu halten oder sich einer Zwangsliquidation gegenüber zu sehen.* Options-Trader, die börsennotierte Optionen kaufen, haben den Vorteil begrenzten Risikos und unbegrenzter Gewinnmöglichkeiten. Meiner Meinung nach ist das der Grund, weshalb der Optionshandel weiterhin ein explosionsartiges Wachstum erfährt, da immer mehr Investoren mit den Vorteilen eines Investments in Optionen vertraut werden.

Es gibt zwei Arten von Optionen. Es gibt PUT-Optionen und CALL-Optionen. Wenn Sie tiefere Preise erwarten, können Sie bei fallendem Markt mit dem Kauf von Put-Optionen Geld verdienen. Wenn Sie höhere Preise erwarten, werden Sie Call-Optionen kaufen, damit Sie bei steigendem Markt Geld verdienen. Da wir höhere Preise bei Sojabohne, Mais und Kaffee erwarten, würden wir dort Call-Optionen kaufen.

Eine einfache Definition einer Call-Option ist das Recht, etwas zu einem festgelegten Preis innerhalb eines festgelegten Zeitraums kaufen zu können.

Als Investor in Optionen haben Sie das Recht an jeglicher Wertsteigerung oberhalb Ihres Kaufpreises.

Allgemein kann man sagen: Wenn der Markt steigt, steigt auch der Wert Ihrer Option. Wenn beispielsweise der Kurs der Sojabohne steigt und sich die Option um 50 Cent erhöht, wäre dies ein potentieller Gewinn von $ 2.500 pro Option, oder $ 25.000 bei 10 Optionen.

Sojabohnen & Mais

[1 Kontrakt = 5.000 Bushel]

[1 Penny = $ 50,00]

Da Optionen liquide sind, können sie jederzeit ge- und verkauft werden.

Auch bei fallenden Kursen ist es wichtig, daran zu denken, daß Sie nicht mehr verlieren können, als Sie investiert haben. Es ist offensichtlich, daß bei fallenden Kursen auch der Wert Ihrer Call-Option fällt; aber Optionen haben „Standhaftigkeit", die Fähigkeit, ohne zusätzliche Kosten und Risiken, zeitweiligen Kurseinbrüchen des Marktes standzuhalten. Mit anderen Worten: Wenn der Markt gegen Sie läuft, können Sie Ihre Option behalten und eine etwaige Trendumkehr abwarten. Wenn in der verbleibenden Zeit der Kurs über Ihren Kaufpreis zurückkommt, können Sie wieder in einer gewinnbringenden Position sein.

Zusammengefaßt kann man sagen: Beim Kauf von Optionen hat der Anleger ein *vorausbestimmtes, begrenztes Risiko, komplette Liquidität* und den Vorteil von *„Standhaftigkeit"*.

TIP 48
Ihr Broker ist wie ein Trading-Copilot

Fragen Sie auf jeden Fall:

- Woher bekommen Sie Ihre Analysen?
- Wieviel Erfahrung haben Sie (wie lange sind Sie schon) in diesem Geschäft?
- Geben Sie mir die Namen dreier Kunden, die sagen würden, Sie seien ein guter Broker.
- Wurden Sie je zu einer Geldstrafe verurteilt? Wofür?
- Welche echten Vorteile habe ich bei Ihnen, die mir mein jetziger Broker nicht bieten kann?
- Sind Sie neben Ihrer Brokertätigkeit an weiteren Geschäften beteiligt? Warum?
- Traden die Eigentümer Ihrer Firma? Warum nicht?
- Hält Ihre Firma die gleiche Position, die Sie mir vor schlagen?
- Welches Buch über die Märkte haben Sie zuletzt gelesen?
- Haben Sie ein Night Desk?
- Wie ist Ihre Vorgehensweise, wenn Sie sich mit mir wegen eines Margin Calls in Verbindung setzen?
- Bewegt sich Ihr Nettokapital in etwa in meinem Bereich? Wenn nicht, wie können Sie meine Bedürfnisse nachvollziehen?
- Welche Art von Computer verwenden Sie?
- **Was nutzen mir billige, niedrige Gebühren, wenn ich verliere?**

TEIL 3
Fallen

Zeit für Perspektiven

Haben Sie jemals Tennis gespielt? Wenn Sie das Spiel verstehen und zuversichtlich sind, daß Sie den Ball über das Netz schlagen, fangen Sie an, sich auf die Technik zu konzentrieren. Es gibt verschiedene Schläge, vom Top Spin bis zum Slice. In anderen Sportarten, wie z.B. Baseball, haben die Werfer (dem Schlagmann gegenüber) eine Vielzahl von Wurfmöglichkeiten, von Würfen mit unterschiedlicher Geschwindigkeit bis hin zu superschnellen Würfen. Es ist einleuchtend, daß den Ball über das Heimmal zu bringen nur die eine Hälfte der Aufgabe ist. Folgendes illustriert dies:

> *Die ehemaligen Boston Braves beendeten eines Jahres das Frühjahrstraining mit einem Spiel in Boston gegen die Red Sox. Warren Spahn stand damals Ted Williams gegenüber und warf ihn mit einem hohen Fast-Ball über die äußere Ecke aus. Nach dem Spiel unterhielten sich Williams und Spahn und Ted bemerkte, als sie sich trennten: „Übrigens, dieser Fast-Ball, mit dem Du mich dranbekommen hast, war ein großartiger Wurf."*
>
> *Einige Jahre später standen sich Spahn und Williams wieder gegenüber, diesmal in einer brenzligen Situation in einem All-Star Spiel, bei dem zu fortgeschrittener Spielzeit alle Spielmale besetzt waren. War-*

ren erinnerte sich nicht bewußt an Williams' ehemaligen Kommentar, aber Warrens Unterbewußtsein wußte genau, welcher Wurf geworfen werden mußte, und er warf ihn. Als Williams nach dem siegbringenden Home-Run langsam um die Spielmale lief, grinste er Spahn an. Zu erst war Warren verwirrt, doch dann ging ihm ein Licht auf und er brüllte: „Du Hurensohn, Du hast mich gelinkt." Williams stimmte dem lachend zu.

Harvey J. Blumenthal, Tulsa Oklahoman (The Writing Habit: Essays von David Huddle, herausgegeben von Peregrine Smith, 1991).

Bei so ziemlich jedem Spiel gibt es gewisse Techniken. Einige sind psychologisch, andere Folklore. Zu wissen, wann und unter welchen Bedingungen diese angewendet werden, ist für gewöhnlich der erste Schritt zum Champion. Beim Trading ist es ebenso. Es gibt bestimmte Techniken, die Trader, je nach Marktsituation, anwenden. Die Richtige kann zu einem Erfolg werden. Es gibt aber auch Fallen.

Mit der explosionsartigen Zunahme an Software-Systemen haben viele Nicht-Floor Trader Trading-Techniken in die Kategorie „Slippage*" verbannt. Zum Markt kaufen und zum Schlußkurs verkaufen scheinen momentan die beliebtesten Aufträge zu sein. Wenn Sie die Trader jedoch nach Auftragsausführung oder Money Management-Techniken fragen, geben sie durchaus zu, daß dies einen Unterschied beim Gewinn ausmacht.

Meine Untersuchungen haben gezeigt, daß die Konzepte und Techniken, die man am Floor entwickelt, durchaus den Preis eines Börsensitzes wert sind. Diese „Werkzeuge" können Ihnen nur helfen, Ihre Trading-Geschicke zu verfeinern, wenn Sie sie in Ihr Trading einbinden. Neben dem Vorteil der Örtlichkeit, Zeit und niedrigen Gebühren, verwenden die Floor Trader „Guerilla-Taktiken", die es dort schon seit Jahren gibt. Es kann Sie nur zu einem flexibleren und schlaueren Trader machen, wenn Sie diese Fallen vermeiden.

Bitte passen Sie auf, wo Sie hintreten - oder achten Sie auf Fallen

Wenn Sie Anzeigen sehen, die 50 bis 300 Prozent Rendite auf das eingesetzte Kapital versprechen, fragen Sie sich einmal, warum Verwalter sich abmühen, um nur 20 Prozent im Jahr zu erreichen und sich nicht diese Systeme kaufen und sich damit Monate der Qualen ersparen. Denken Sie darüber nach. Vermögensverwalter mit zig-Millionen Dollar unter Ihrer Verwaltung könnten sich ein System für $ 2.500 kaufen und ersparen sich damit die Zeit und Ausgaben für Computer-Programmierer, Mitarbeiter für Marktuntersuchungen und sonstige Angestellte.

Warum also wird das nicht so gemacht? Vielleicht, weil diese großartigen und wunderbaren Systeme für die arglose Masse gedacht sind.

Tut mir leid, aber es gibt keine Geheimnisse, außer in Washington.

Seminare sind nützlich, aber glauben Sie nicht den Blendern. Ich kenne viele dieser sogenannten Gurus. Fertigkeiten beim Trading kann man nicht innerhalb von drei Tagen erwerben, indem man in einem Hotelzimmer sitzt und eine 20-minütige Führung am Floor mitmacht. Mal ehrlich, würden Sie jedem Ihr Geld anvertrauen, der verspricht, Ihnen die Geheimnisse der Börse innerhalb dreier Tage zu enthüllen? Seminare und Meetings sind eine gute Möglichkeit, sich mit anderen Tradern zu treffen und Ideen auszutauschen. Aber wenn jemand Geheimnisse enthüllt, den „heiligen Gral" und sogenannte „WAHRHEITEN" zitiert, und darüberhinaus behauptet, Sie auf den „geraden Weg" zu bringen, indem er

„Scalping-Techniken" als Ergebnis anpreist, sollten Sie ihm mit äußerster Versicht begegnen. Bei diesem Typ von Blender ist es wahrscheinlicher, daß er weitere Reglementierungen der Futures-Industrie verursacht, als daß er zum Trading ermutigt. Niemand kann Ihnen das Traden beibringen. Aber Sie können lernen, Ihr Geld zu verwalten. Wieviel Zeit verwenden die Gurus für Money Management?

Für gewöhnlich nicht länger als 10 Minuten. Die Instruktoren, die etwas von Geld und Trading verstehen, sind es wert, herausgesucht zu werden.

Wenn Sie sich folgende Fallen anschauen, mögen Ihnen meine Kommentare geistreich erscheinen oder aber den Eindruck geben, daß ich versuche, den ganzen Handel mit übler Nachrede zu überziehen. Das ist nicht der Fall. Es gibt zuviele oberflächliche Bücher über das Trading und so bekommen Sie nur einen schwachen Einblick über die Märkte. Ich halte mich von einem schwülstigen Stil fern, damit Sie einen richtigen Einblick in das Trading bekommen. Ich habe versucht, Polemik und banales Geschwafel zu vermeiden.

Ein sehr gutes System macht aus niemandem einen guten Trader. Aber ein schlechtes System funktioniert in den Händen eines guten Trader immer noch. Wie Tim Slatter von Telerate feststellte:

> *Die Chancen, mit einer natürlichen Trading-Begabung geboren zu werden, sind gering. Die meisten erfolgreichen Trader, die ich kenne, hatten sie nicht. Sie erlernten ihre Fähigkeit zu gewinnen durch Praxis, Praxis und nochmals Praxis. Das Schwierigste im Werdegang eines erfolgreichen Traders ist, nicht durch die beiden Verführungen geblendet zu werden: Blinde Gier und panische Angst. Mein Rat ist, „mit offenen Augen zu traden". Leute, die nicht am Floor sind, werden Spekulanten genannt. Warum? Die Profis in den Trading-Pits nennt man Trader. Möchten Sie ein Trader oder ein Spekulant sein? Kaufen Sie sich einen Börsensitz, wenn Sie ein Trader sein wollen, ent-*

wickeln Sie einen Trading-Plan, wenn Sie ein erfolgreicher Spekulant sein wollen.

Wer andere erkennt, ist klug.

Wer sich selbst erkennt, ist erleuchtet.

Wer andere besiegt, ist stark.

Wer sich selbst besiegt, hat Macht.

Der Genügsame ist reich.

Der Zielwissende kennt seinen Weg.

In den letzten Jahren haben manche meiner Schüler behauptet, sie kennen meine Techniken und haben ihrerseits begonnen, ihren Schülern gesalzene Preise abzunehmen, um meine Art des Handelns zu lehren. Ich fühlte mich dadurch zwar geschmeichelt, aber es fand in keinster Weise meine Billigung. Um ein weiteres Chaos in diesem Marktbereich zu verhindern, hielt ich es für das beste, wenn ich diese Fallen selbst darstellte, ehe selbsternannte Seminarleiter die Öffentlichkeit verwirren. Wie ein Trader, der an einem Seminar teilnahm, feststellte: *Warum soll ich mich mit dem Affen unterhalten, wenn ich mich mit dem Drehorgelmann unterhalten kann?"*

Wenn ich auch nicht besonders gern mit einem Drehorgelmann verglichen werde, möchte ich doch noch weniger gern der Affe sein.

Bevor Sie meine Daytrading- oder Computerseminare in Chicago besuchen, gibt es bestimmte Fallen, die Sie vermeiden müssen.

Typische Fallen für Daytrader

Das ist sicherlich eine lange Liste. Aber es ist wichtig, daß Sie sie kennen und sich vor diesen Fallen schützen!

- Warten Sie darauf, daß sich ein guter, gesunder Trend entwickelt - für gewöhnlich ein Jahr.

- Haben Sie Angst, daß Sie die Kursbewegung verpaßt haben.

- Handeln Sie gegen den Trend.

- Wenn es gegen Sie läuft, verdoppeln Sie.

- Reden Sie sich ein, daß Sie Recht haben und der Markt Unrecht.

- Kaufen Sie ein Handelssystem und bemühen Sie sich nicht, dessen grundlegende Handelssignale zu verstehen.

- Stellen Sie sicher, daß das System sehr teuer ist und unglaubliche Gewinne verspricht.

- Sagen Sie all Ihren Freunden, wieviel Geld Sie mit ihrem neuen System verdienen werden. Sagen Sie es nicht Ihrer Frau ... sie wird es Ihnen sagen.

- Haben Sie unrealistische Erwartungen ... es genügt, wenn Sie Ihr Geld alle zwei Monate verdoppeln.

- Kaufen Sie einen Computer und beachten Sie alle Signale gegen den Trend.

- Besuchen Sie einen Schnellkurs „Wie werde ich reich?", der verspricht, Ihnen in drei kurzweiligen Tagen alles beizubringen, was Sie jemals über das Trading wissen müssen. Mittagessen ist immer inbegriffen.

- Nehmen Sie den Rat von Radiosendungen an, die von einer auswärtigen Broker-Firma gesponsort werden. Oder kaufen Sie Kursunterlagen vom Direktversandhandel.

- Stellen Sie sicher, daß Ihr Broker im Alter Ihres jüngsten Sohnes ist und geben Sie ihm Ratschläge, warum Sie so erfolgreich sind.

- Traden Sie einen Markt, von dem Sie keine Ahnung haben und unterliegen Sie aggressiven Verkäufern, die behaupten, traden sei die einzige Möglichkeit, „überdurchschnittlich" zu sein.

- Stellen Sie sicher, daß Sie keine Ahnung über den kurz- oder langfristigen Trend des Marktes haben.

- Halten Sie Verlustpositionen über Nacht und beten Sie, daß sie am Morgen in Ihre Richtung gehen.

Daytrader sein bedeutet, eine andere Haltung gegenüber Geld zu haben

Wir alle haben Gefühle und Einstellungen gegenüber Geld - es ausgeben, sparen, riskieren - und was alles damit geschehen kann - es verlieren oder vermehren. Im allgemeinen wissen wir auch, daß unser Wohlstand nicht ohne ein gewisses Riskio nennenswert oder schnell gesteigert werden kann. Wenn wir nur für ein Gehalt arbeiten und ein wenig Erspartes auf ein sicheres Konto anlegen, werden wir unser Vermögen niemals großartig erweitern. Sogar ein Haus zu kaufen, beinhaltet ein gewisses Risiko.

Telesis Management Inc., ein registrierter Commodity Trading Advisor, hat eine Philosophie auf Grundlage des Risikomanagements. Seit Dezember 1989, als die Verwalter ihren aktuellen Handelsansatz einbrachten, erwirtschafteten sie einen Nettogewinn von 80 Prozent bei einem Kapitalrückgang von 2,38 Prozent von der Spitze zum Tief. Dieses Ergebnis spricht für sich selbst. Denken Sie jetzt, daß sie jeden Tag traden? Tatsächlich traden sie 30 bis 40 mal im Jahr. Gewiss, sie halten Positionen länger als einen Tag. Letztendlich müssen Sie sich entscheiden, welcher Typ Trader Sie sein wollen.

Ein guter Daytrade kann sich jedoch zu einer Übernachtposition entwickeln und zu einer riesigen Gewinnposition werden. Ein Daytrade kann mit Optionen oder einem Spread abgesichert werden. Machen Sie sich mit Ihrem „Nutzen" vertraut, bevor Sie traden.

Der Nutzen mißt, wieviel uns etwas wert ist: Nicht den Preis oder den sozialen Wert oder den „inneren" Wert, sondern den Wert für uns persönlich.

Das wichtigste Prinzip des Nutzens, die Verringerung des marginalen Nutzens, ist wiederum eine Sache, die wir alle intuitiv verstehen (das klinkt geschwollen, aber es ist ein Gedanke, den wir in den folgenden Beispielen erkennen):

Ein Gehaltserhöhung von $ 1.000 bedeutet viel mehr für jemanden, der $ 20.000 verdient, als für jemanden, der $ 200.000 verdient.

Die Rechtfertigung für eine progressive Steuerstruktur beruht auf der Annahme, daß eine Steuerzahlung von $ 250 jemanden mit einem Einkommen von $ 10.000 mehr schmerzt, als eine von $ 5.000 jemanden mit $ 200.000 schmerzt, obwohl der Steuersatz in beiden Fällen mit 2,5 Prozent identisch ist.

Diese Beispiele spiegeln einen Aspekt des abnehmenden marginalen Nutzens wider: Je größer das Gesamtvermögen einer Person ist, desto weniger bedeutet ihr ein gegebener Zuwachs (d.h. eine marginale Summe). Weiterhin bringt sogar eine konstante, proportionale, marginale Erhöhung eine Wertabnahme in dem Maße, in dem sich der Grundwohlstand über das Normalmaß hinausbewegt.

Eine andere Möglichkeit der Formulierung wäre: Wenn sich das Grundvermögen einer Person erhöht, benötigt man einen wachsenden, proportionalen, marginalen Anstieg, um ein gleiches Niveau der Zufriedenheit zu erzielen.

Um dieses Prinzip aus einem anderen Blickwinkel zu sehen, lesen Sie sich die nächsten Beispiele durch. Nehmen Sie an, jeder Trader hat ein Grundkapital von $ 100.000 zum Traden eingesetzt.

Trader Larry Lifestyle geht regelmäßig Positionen für $ 5.000 ein, schläft gut, genießt seine Wochenenden, sogar die Sonntagabende.

Trader Nick Neurotic geht ähnliche Positionen ein, ist immer müde und er kann ein Wochenende nur nach einer erfolgreichen Trading-Woche genießen.

Trader Robert Risky plaziert in aller Gemühtsruhe große Summen seines Kapitals.

Trader Iwan der Schreckliche hat Schwierigkeiten, Entscheidungen bei $ 1.000 Positionen zu treffen.

Diese Beispiele illustrieren ein zweites wichtiges Prinzip des Nutzens: Jede Person hat ihren eigenen persönlichen Nutzen, was bedeutet, daß sogar Personen mit dem gleichen Vermögen unterschiedlich auf gleiche, marginale oder zusätzliche Gewinne (Verluste) reagieren.

Ein Fragebogen über den Nutzen des Tradings wäre eine Liste von Alternativen unter Berücksichtigung unterschiedlichen Kapitaleinsatzes, Risikos, unterschiedlicher Gewinne oder Verluste bei unterschiedlicher Auszahlung und anderen Fragen. Bei Anwendung eines solchen Tests, kann für einen erfahrenen Trader ein hilfreicher Nutzen ausgearbeitet werden. Er würde etwas über die unterschiedlichen Gefühle und Einstellungen gegenüber Risiko, Geld, Gewinn und Verlust und andere Trading-bezogene Faktoren aus dieser Übung lernen.

Die Wichtigkeit eines Nutzentests ist, was er Ihnen, dem Trader, über Ihre Haltung gegenüber Trading und Risikobereitschaft mit Ihrem Geld, dem Schulgeld Ihrer Kinder, dem Geld, das Sie sich für eine Kreuzfahrt in die Karibik zurückgelegt haben, oder wofür auch immer, sagt. Sie können ein Gefühl für diese Faktoren bekommen, wenn Sie beim Traden anfangen, nach Gedanken vorzugehen, wie sie in den nächsten Beispielen vorgeschlagen werden:

> Wenn Sie mit einem Handelsprogramm anfangen und merken, daß Sie Sonntagnacht nicht schlafen können, reduzieren Sie das Kapital, das Sie am Freitag riskieren soweit, bis Sie ruhig schlafen können.

> Wenn Sie sich mit dem Betrag, den Sie normalerweise investieren, wohlfühlen, und Sie mal etwas gewonnen, mal etwas verloren haben, erwägen Sie, das Verhältnis des eingesetzten Kapitals zu den Risiken zu erhöhen. Versichern Sie sich aber, daß der riskierte Anteil nicht so hoch ist, daß Sie eine Phase mit schlechten Trades an den Rand des Ruins bringt.

In einem Buch mit dem Titel *Trading Tactics of the Pros* tauchte folgende irreführende Feststellung auf:

> *Der Markt gibt oder verweigert Ihnen kein Geld - es ist etwas, was Sie sich selbst geben oder verweigern. Wie stark wir uns selbst belohnen, steht im direkten Verhältnis dazu, wie wir glauben, es zu verdienen. ... Das trifft auch für das Trading zu. Egal wie solide oder erfolgreich eine Annäherung an den Markt ist, ein Trader „erlaubt" sich nur so viel Geld, wie er meint, daß im zustehe - unbeachtet der bewußten Absichten.*

Das ist offensichtlich nur dummes Verkäufergeschwätz, das das Konzept des Nutzens völlig ignoriert.

Lassen Sie uns jetzt zu den Fallen gehen!

FALLE 1
10 bis 30 Prozent Kursrückgang - bitte rechnen Sie

Ein Kursrückgang in einer Position um 10 Prozent scheint ziemlich normal. Aber denken Sie daran: Ein 10-prozentiger Rückgang in der Sojabohne, die bei $ 8 gehandelt wird, sind 80 Cents. Eine Aktie, die bei $ 65 gehandelt wird, erleidet bei 10 Prozent einen Verlust von $ 6,50. Trader sind besonders darauf aus, bei 10-prozentigem Kursrückgang zu kaufen, wenn die Aktie oder der Terminkontrakt von der Öffentlichkeit entdeckt wird oder in eine Seitwärtsbewegung gerät. Solange Sie nicht überzeugt sind, daß dies das letzte Mal in Ihrem Leben ist, daß Sie die Gelegenheit haben, einen Trend zu erwischen, bekommen Sie für gewöhlich einen Kursrückgang von 10 Prozent zum Einstieg. Wenn Sie momentan eine Position halten, bereiten Sie sich auf den Kursrückgang vor. Er wird kommen. Der Kursrückgang kann sich bis auf 30 Prozent ausweiten und sogar bis zu 62 Prozent ausmachen.

Die meisten Märkte „rennen und warten" und gehen dann wieder zurück. Auf diese Weise werden Sie ausgestoppt. Trader staffeln für gewöhnlich Ihre Käufe, um von solchen Tagen zu profitieren. Richten Sie sich schon zu Beginn jeder Kursbewegung auf einen Kursrückgang von 38 Prozent, 50 Prozent oder 62 Prozent ein. Diese Kursrückgänge sind recht häufig und werden vom Beginn der Bewegung bis zum letzten Hoch berechnet. Die weiteren Kursrückgänge weisen für gewöhnlich auf eine stärkere Bewegung in Richtung des herrschenden Trends hin.

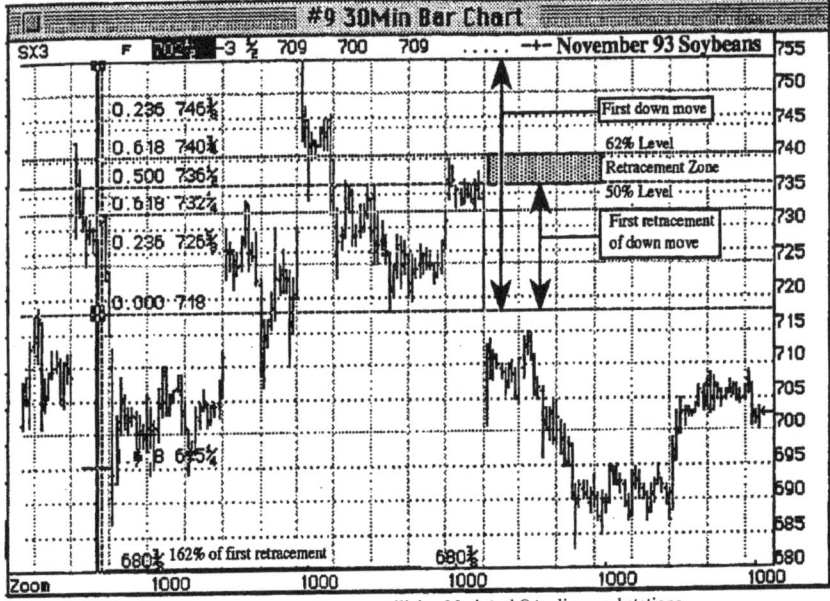
Chart courtesy of DCI Integrated Computer Systems utilizing Macintosh® trading workstations

Beispiel der Falle 1

FALLE 2
Überzeugen Sie sich selbst, daß mit Futures das große Geld zu machen ist

Einer meiner guten Freunde vom Floor analysiert alle Terminmärkte, zeichnet selbst die Charts und tradet fast nie in den Futures-Märkten. Lassen Sie mich das wiederholen: Er tradet fast nie. Er hat eine solche Verachtung für die „Spiele", die in der Futures-Industrie gespielt werden, daß er nur Optionen handelt, wenn fundamentale Berichte herauskommen, die nicht vom Floor manipuliert werden können. Klingt das zynisch?

Mein Freund besitzt ein schönes Haus am Stadtrand, fährt regelmäßig in den Urlaub und lädt mich ein, in seinem Swimmingpool zu schwimmen und sein Gewächshaus anzusehen. Von seinem Haus hat man einen herrlichen Blick über den Michigan-See und es ist im Sommer richtig idyllisch, besonders mit dem Privatstrand.

Warum hält er sich in den Futures-Märkten auf dem laufenden? Weil er ein Trader ist, nicht notwendigerweise ein Futures-Trader. Er verwendet Informationen aus der Futures-Industrie, um andere Märkte zu traden. Wenn Gold zu steigen scheint, kauft er Goldaktien. Wenn Bonds steigen und die Zinsen fallen, kauft er Aktien mit hoher Dividende. Steigt Silber? Warum nicht das Metall kaufen?

Das will ich damit sagen: Man kann die Informationen von den Futures-Märkten verwenden und andere Märkte traden. Betrachten Sie sich als Trader, nicht als Futures-Trader. Mein Freund möchte keinen zehnprozentigen Hebel bei einem Kontrakt, der in Kürze auslaufen wird. Es ist einfach, eine Kurzsichtigkeit für Futures zu bekommen. Entscheiden Sie, wie Sie einige Ideen aus den Futures-Märkten verwenden können, um Alternativen zu schaffen. Wenn Sie einen Markt traden, denken Sie daran, daß es mehr als einen Markt gibt. Fragen Sie sich ständig: Wie kann ich dieselbe Marktchance mit einem anderen Investment erzielen? Wenn Sie das tun, entwickeln Sie den Gedankengang eines Traders.

FALLE 3
Warten Sie - aber wissen Sie, wann Sie kaufen sollen

Public Relations-Kampagnen: Firmen senden Signale an ihre Aktionäre über die Entwicklung ihres Unternehmens. Trading nach diesen Berichten kann schädlich sein und meist sind sie schon in den Kursen enthalten.

Fernsehbericht: Wenn er negativ ist, bleiben Sie dem Markt fern. Erwägen Sie zu kaufen, nachdem die Korrektur gelaufen ist. Wenn er positiv ist, warten Sie, bis der Markt offen bleibt und achten Sie auf eine Bestätigung.

Nachrichten: Wenn sie negativ sind und von einem angesehenen Kolumnisten stammen, könnten Sie in Schwierigkeiten sein. Nachrichten, die von der Public Relations-Abteilung veröffentlicht werden, haben für gewöhnlich keine Auswirkungen.

Aktienverkäufe: Negative Auswirkung auf die Kurse.

Aktiensplit: Für gewöhnlich vor der Ankündigung. Eine gute Strategie ist, bei der Ankündigung zu kaufen und zu verkaufen, wenn es geschehen ist.

FALLE 4
Wenn Unternehmen an die Börse gehen - nehmen Sie das Geld und laufen Sie

Es ist einfach, von verlockenden Geschichten von Übernachtgewinnen bei Neuemissionen angezogen zu werden. Sie sollten aber wissen, daß institutionelle Anleger ausgewählte

Stücke meist vor dem Privatanleger bekommen. Der „American Association of Individual Investors" zufolge bekommt der Kleinanleger nicht die besten Stücke bei Neuemissionen.

Wenn Sie bei einer guten Gelegenheit von Anfang an dabei sind, liquidieren Sie innerhalb von 90 Tagen.

Roni Mechaely, ein *Assistant Professor* an der Cornell Universität, untersuchte über 900 Aktienneuemissionen zwischen 1984 und 1988 und ermittelte einen durchschnittlichen Gewinn von 8,5 Prozent am ersten Handelstag. Manchen Investoren glückt es, Neuemissionen mit der Taktik zu bekommen, daß sie mehrere Konten bei großen Brokerhäusern eröffnen. Die beste Taktik: Wenn Sie ein Broker aus heiterem Himmel wegen einer Neuemission anruft, laufen Sie in die andere Richtung.

Wirkliche gute Emissionen bedürfen keiner großangelegten Werbekampagne. Es ist sehr wichtig, den typischen Zyklus einer neuen Aktie zu kennen. Ungefähr sechs Wochen nach dem anfänglichen Zeichnungsangebot bekommt die Aktie aufgrund von Analysen der Emissionsbanken einen kräftigen Schub nach vorne. Die Kurse tendieren dazu abzubröckeln, wenn die Insider ins Spiel kommen. Die Emissionsbanken gestatten den Firmenangehörigen den Verkauf meist drei bis sechs Monaten nach der Ausschreibung. **Allein schon aus diesem Grunde sollten Sie in Ihrer Handelstaktik vermeiden, Neuemissionen länger als drei Monate zu halten.**

FALLE 5
Stops abräumen ... erzeugt falsche Signale

Es kursieren einige Geschichten um die Möglichkeit der Floor-Trader, Stops abzuräumen, die von der Masse plaziert worden sind. Tatsächlich werden Stops für gewöhnlich von großen Firmen im spekulativen Bereich, bei denen man seine eigenen Trades plazieren kann, abgeräumt.

Die Local Trader erwischt es auf dieselbe Weise. Es ist nicht ungewöhnlich, daß große Trader die Bids der Locals bedienen und sie dann dazu zwingen, sich einzudecken. Das Szenario läuft in etwa so ab:

Wie ist der Bid? (nachgefragt von großen Spekulanten)

60 Bid; gut, ich verkaufe Dir 10; wie ist der Bid?

55 Bid; gut, ich verkaufe Dir 20; wie ist der Bid?

50 Bid; gut, ich verkaufe Dir 30; wie ist der Bid?

45 Bid; gut, ich verkaufe Dir 75; wie ist der Bid?

40 Bid; gut, ich verkaufe Dir 50; wie ist der Bid?

Im Pit ist es ruhig, oder es gibt vielleicht einen schwachen 35 Bid. Die Locals haben gekauft und jedesmal wurde der Markt weiter nach unten gedrückt.

Jetzt gibt der Trader, der verkauft hatte, das Kaufgebot ab. „45 Bid", ruft der Trader. Dann „50 Bid".

Was glauben Sie, geschah mit all den Tradern, die bei 45 und 40 verkauft haben? Sie überschlagen sich förmlich, um aus dem Trade herauszukommen. Währenddessen glauben

Sie, an Ihrem Monitor ein Verkaufsignal zu erkennen und werden vielleicht sogar von dieser Abwärtsbewegung erwischt. Sie rufen Ihren Broker an, doch dann ist es schon zu spät. Sie wurden herausgeblufft.

Es ist sehr schwer, sich vor dieser Taktik zu schützen. Options- und Spread-Trader machen sich über dieses Vorgehen keine Gedanken. Deshalb hilft Ihnen eine Absicherung Ihrer Position mit Optionen, solche „Achterbahn-Bewegungen" zu überstehen. In manchen Fällen ist es notwendig, mehr als 10 Prozent als Margin zu hinterlegen, damit Sie nicht von dieser Falle niedergemäht werden.

FALLE 6
Politische Unruhe - seien Sie nicht patriotisch

Wenn ein Land politische Unruhen erlebt, verkaufen Sie seine Währung. Kaufen Sie entweder Puts oder verkaufen Sie Futures. Oder verkaufen Sie die schwache Währung und kaufen Sie eine stärkere. Am 17. Juli 1992 verlor der Nikkei 121 Punkte und schloß bei 19.805. So eine dramatische Bewegung ist ein Signal, die japanische Währung zu verkaufen. Am 18. Juni 1993 eröffnete an der CME um 9.30 Uhr der Japanische Yen 158 Punkte tiefer. Am Ende des Handelstages an der Merc schloß der Yen 228 Punkte tiefer. Sogar das Halten der Position über das Wochenende brachte weitere 100 Punkte.

Am 21. Juni 1993 schloß der Yen tiefer.

Das war keine Insider-Information.

Wie kommen Sie an diese Information heran? Viele Nachrichtenanbieter sind über Modem erreichbar. Oder Sie haben die Möglichkeit, das Night-Desk Ihres Brokers anzurufen. Oder vielleicht lesen Sie die *New York Times*. Ja, so einfach ist das. Auf Seite A4 der *Times* brachte James Sterngold am 17. Juli eine Nachricht unter folgender Überschrift: *„Der Streit um die japanische Politik kann zu vorzeitigen Wahlen führen."*

Diese Nachricht konnte man in der Zeitung lesen, Stunden bevor die CME öffnete. Schon der erste Absatz sagte dem Trader, was er zu tun habe.

Eine Drohung, die Regierung zu lähmen

Der hier langanhaltende Kampf über die Säuberung des skandalträchtigen Wahlsystems führte heute zum offenen politischen Krieg, und es mehren sich die Spekulationen, daß Premierminister Kiichi Miyazawa gezwungen sein könnte, das Parlament aufzulösen und vorgezogene Wahlen zu fordern. Dieser Streit droht, die Regierung während des Treffens der Gruppe der sieben wichtigsten Industrienationen, das hier in drei Wochen stattfindet, zu lähmen.

FALLE 7
Daytrader, Achtung: Gann ist nicht Elvis

(Wenn Sie noch nie von Gann gehört haben, überspringen Sie dieses Kapitel.)

Wir haben eine Redensart: „Sie sind nie weit von einer Gann-Linie enfernt. Oder Ihnen geht das Geld aus, bevor den Gurus die Zyklen ausgehen." Das Lieblingsspiel in Seminarrunden ist, ein oder zwei Beispiele zu finden, bei denen die Zahlen funktioniert hätten und darum ein System zu konstruieren. Diese Art von Scheinargumenten wird von den professionellen Tradern nicht wirklich geglaubt. Traurig ist die Tatsache, daß dieses respektlose Verhalten den neuen, unerfahrenen Trader verwirrt. Hier ist ein Beispiel aus einem aktuellen Börsenbrief:

> Der Crash des Aktienmarktes im Oktober war 5,5 Jahre nach dem ersten Handelstag des S&P Futures im Juli 1982. Dieser Monat liegt 5,5 Jahre nach dem Crash vom Oktober 1987. Es könnte eine gewisse Symmetrie um den 19. April geben. *Was zur Hölle soll das bedeuten?*

Trader verwenden verkürzte Gann-Zahlen als Bezugspunkte für das Trading. Da so viele Leute sie verwenden, sollten Sie an folgende Konzepte denken: Bestimmen Sie die Spanne zwischen Kontrakthoch und -tief des jeweiligen Futures und dann bestimmen Sie die wichtigsten Unterstützungs- und Widerstandszonen innerhalb dieser Spanne. Gann verwendete Beziehungen, die auf einem Vielfachen von 1/8 und 1/3 basieren.

Die Berechnungsmethode ist einfach: Beginnen Sie, indem Sie das Kontrakttief vom Kontrakthoch abziehen und damit eine Kursspanne ermitteln. Man kann das auch auf eine jährliche Hoch-/Tief-Einstellung anwenden. Diese Spanne wird dann mit folgenden Konstanten multipliziert: 1/8, 1/4, 1/3, 3/8, 1/2, 5/8, 2/3, 3/4 und 7/8. Nehmen Sie als Beispiel einen Future mit einem Kontrakttief von 100 und einem -hoch von 340. Um die verschiedenen Bereiche festzulegen, wird folgende Berechnung durchgeführt:

1. Subtrahieren Sie das Tief vom Hoch: 340 - 100 = 240.

2. Multiplizieren Sie das Ergebnis mit einer Serie von Konstanten:

240 x 1/8 = 30

240 x 1/4 = 60

240 x 1/3 = 80

240 x 3/8 = 90

240 x 1/2 = 120

240 x 5/8 = 150

240 x 2/3 = 160

240 x 3/4 = 180

240 x 7/8 = 210

Die Ergebnisse zeigen folgende Bereiche:

Tief, 1/8, 1/4, 1/3, 3/8, 1/2, 5/8, 2/3, 3/4, 7/8, Hoch

100, 130, 160, 180, 190, 220, 250, 260, 280, 310, 340

Wie wichtig Ihnen die Gann-Analyse ist und wieviel Zeit und Mühe Sie dafür aufwenden wollen, liegt an Ihnen. Mr. Gann verkaufte jedoch nie die Rechte an seinem Namen; sein Sohn stieg nie in das Geschäft ein. Viele Leute bezeichnen sich als Gann-Trader. Der beste Rat: Wenn Sie Gann dazu verwenden, um einen Trade einzugehen, seien Sie sicher, daß Sie genug Geld haben, damit Sie Gann auch wieder herausbringt. Aber sorgen Sie sich nicht, Sie sind nie weit von einer Gann-Linie entfernt und das mag das allerbeste Money Management-System sein. Liquidieren Sie bei der nächsten Linie.

FALLE 8
„Goofy" Trading ... oder verlieben Sie sich nicht in Ihre Position

Ein Teil meiner Arbeit bei so angesehenen Firmen wie Disney und Warner war es, Leute zu Aktienkäufen zu ermutigen. Im Marketing-Geschäft werden riesige Summen bei dem Versuch ausgegeben, die Leute zum Kaufen zu bewegen. Disney bietet den Aktionären einen 10-prozentigen Discount für Produkte aus Disney World und farbenprächtige Aktienurkunden mit Motiven der Disney-Figuren an. Die Leute behalten tatsächlich die Aktie, da Sie „Mickey lieben". Nun, auch ich liebe Mickey, aber es ist etwas dumm, eine Aktie zu behalten, weil Sie die Figuren mögen. Wenn Käufer einmal ihrer Position vertrauen, verstärkt ihr Ego die Position. Trader bleiben länger in einer schlechten Position, als in einer schlechten Ehe.

Während meiner Zeit als Mitarbeiter der Chicago Board of Trade wurde mir gesagt, Zweck des Futures-Marktes sei die Risikoverlagerung und Ermittlung des Preises. Damit jedoch das Konzept der Risikoverlagerung erfolgreich sein kann, muß rechtzeitig ein Interesse von Market-Makern und kommerziellen Anlegern geschaffen werden, um die Risikoverlagerung zu bewirken. Wenn Sie es nicht erraten haben: Bei wichtigen Entscheidungspunkten muß der Futures-Markt die maximale Anzahl an Tradern auf die falsche Seite verführen. Wenn das nicht erreicht werden kann, kann die Risikoverlagerung nicht funktionieren. Es würden nicht genügend Leute auf der anderen oder der falschen Seite des Marktes sein. Haben Sie sich jemals gewundert, warum technische Indikatoren nicht immer funktionieren? Weil nicht Technik den Markt bewegt, sondern Psychologie.

Ein Grund ist, daß die Kursmuster Sie ermutigen zu KAUFEN, damit die kommerziellen Anleger VERKAUFEN können. Letzten Endes führen höhere Preise zu mehr Käufern und wenn Sie Verkäufer sind, bekommen Sie vermutlich einen besseren Preis. Wenn Sie ein Produkt verkaufen wollen, möchten Sie den höchstmöglichen Preis. Die Leute, die gewillt sind, diese Preise zu bezahlen, sind Leute, die uninformiert sind und nicht den wirklichen Wert der Ware kennen. Dies ist unglücklicherweise die Masse. Sie schauen auf Charts und nicht auf die wahren Kosten von Gütern und Dienstleistungen. Wenn Zeitungen das nächste Mal schreiben, daß gewisse Aktien oder Commodities „bis zum Mond steigen", fragen Sie sich, wer wohl so dumm sein würde, bei diesen Preisen zu verkaufen. Für gewöhnlich ist es der Besitzer des Produkts oder der Aktie. Und unser Freund Goofy würde vielleicht auch kaufen.

FALLE 9
Kaufen Sie nach und Sie könnten Ihr letztes Hemd verlieren

Vermeiden Sie diese Falle während der letzten Stunde des Handelstages und besonders wenn es auf Marktschluß zugeht.

Nachkaufen bedeutet, zu einer bestehenden Position weitere Positionen einzugehen, in der Hoffnung, daß der Markt zum Schluß neue Hochs oder Tiefs macht. Die Masse neigt dazu, zu vergessen, daß der Floor 50 Prozent oder mehr des Volumens ausmacht. Der durchschnittliche Trader mag spät am Tag verkaufen, während der Floor kauft. Während die meisten Floor-Trader keine Lust haben, mit einer Position nach Hause zu gehen, können Sie von einer Rallye erwischt werden, die gegen Ihre Position läuft. Seien Sie sich auch bewußt, daß die Mid America noch ein paar Minuten bis über eine Stunde geöffnet bleibt, nachdem die Chicagoer Terminbörse geschlossen hat. Wenn es einen starken Trend gibt, wird er sich an dieser Börse fortsetzen. Für diejenigen, die Schlußkurse für ihre Analyse verwenden, kann der Schlußkurs an der Mid America eine genauere Zahl darstellen. Floor-Trader versuchen, bei fallenden Kursen den Markt zu pyramidieren, besonders dann, wenn die Masse Long ist und ein neues Tief gemacht werden kann. Sie sind jedoch kein Floor-Trader und es fehlt Ihnen die Zeit zum Reagieren.

Ein fallender Markt bewegt sich in einem Drittel der Zeit dreimal so schnell, wie ein steigender Markt. Lassen Sie den Floor nachkaufen; Sie sollten die Position vor Schluß des Handelstages liquidiert haben. Wenn Sie zu häufig Market On Close Orders plazieren, traden Sie nicht klug.

DISKUSSION FÜR TRADER Eine unsterbliche Phrase:

**WÜRDE, HÄTTE, SOLLTE ...
ODER HINTERHER IST MAN IMMER KLÜGER.**

Wenn Sie Bauholz gekauft hätten, hätten Sie ein Vermögen machen können; aber Sie taten es nicht und jetzt können Sie es nicht mehr. Diese Art verdrehter Logik ist verbreitet bei Brokerhäusern und in den Köpfen der Trader. Sie wird auch von Leuten verwendet, die versuchen, Sie mit einer Gewinnaufstellung zu beeindrucken, die einen großartigen, obskuren Trade im Eier-Pit zeigt, der das ganze Jahr „vergoldet". Die „würde"-Taktik wird gegen die arglose Masse angewandt und macht diese blind für die Realität des Tradings.

FALLE 10
Wenn Trader pleite gehen

Grant Nobel, der in Lake Forest, Illinois, lebt, erzählte mir hiervon und es scheint vom psychologischen Standpunkt aus wahr zu sein.

Wenn ein Trader mehr als 20 Prozent seines Geldes an den Markt verliert, verhält er sich irrational. Die Taktiken und der Tradingstil eines Traders verändern sich bis zu dem Punkt, wo er mit lächerlichen Maßnahmen vergeblich versucht, sein verlorenes Geld zurückzugewinnen.

Wenn Sie 20 Prozent Ihres Kapitals verlieren, müssen Sie sich zurückziehen, reorganisieren und Ihre Trading-Taktiken revidieren.

FALLE 11
Trading in einem Vakuum

Seien Sie sicher, daß Ihr Bildschirm zu Hause oder im Büro die Kurstafeln der Börse anzeigt, die Sie traden. Es ist wichtig, daß Sie den Markt auf dieselbe Art sehen wie der Floor. Es hat keinen Sinn, auf demselben Bildschirm Bonds und Kaffee zu haben. Neben dem aktuellen Handelsmonat, sollte Ihr Bildschirm auch die entfernteren Monate anzeigen. Typischerweise startet eine Bewegung in den entfernteren Monaten und Spreads signalisieren sehr wahrscheinlich eine Bewegung im Markt.

Die meisten Börsenbriefe werden so geschrieben, daß Sie die Information am Wochenende erhalten. Eifrige Trader traden am Montag und kaufen oder verkaufen, je nach Empfehlung des Börsenbriefs. Versuchen Sie, Ihren Enthusiasmus zu zügeln - die Chancen stehen gut, daß der Markt zu dem Preis im Börsenbrief zurückkommt. Warten Sie die ersten Trading-Stunden am Montag ab, bis sich der Markt beruhigt. Das scheint gegen die Intuition zu gehen. Dienstag ist der Tag, um an die Arbeit zu gehen. Das könnte auch in anderen Industriezweigen so sein. Eine Position, die Sie am Montag eingehen, kann Sie als Trader eine ganze Woche lang verfolgen. Warten Sie einige Stunden, bevor Sie traden.

FALLE 12
Traden Sie in Eile, bereuen Sie mit Muße

Bevor Sie einen neuen Markt traden, warten Sie mindestens zwei Tage. Benutzen Sie diese zwei Tage, um einen Chart des Marktes zu erstellen. Erwägen Sie einen Trade am dritten Tag nur dann, wenn Sie überzeugt sind, daß das Risiko-/Gewinnverhältnis es wert ist, in einen Markt einzusteigen, den Sie noch nie zuvor getradet haben. Das Warten verhindert die sogenannten unüberlegten Trades, zu denen Trader aufgrund von Gerüchten neigen. Machen Sie Ihren Trade am Anfang des Tages, damit Sie, falls Sie falsch liegen, den Rest des Tages Zeit haben, wieder herauszukommen. Gehen Sie nie an einem Freitag eine neue Position in einem neuen Markt ein und halten Sie sie dann über das Wochenende. Bei internationalem Trading können Sie am Sonntagabend einsteigen und immer noch einen Trade machen. Zwei Tage zu warten ermöglicht Ihnen, einige fundamentale Informationen von den Börsen oder den „Meinungsmachern" zu bekommen.

Kürzlich riet ein technischer Analyst einem meiner Mitarbeiter, Hafer zu kaufen, da der Chart gut aussehe. Zwei Tage des Wartens brachten aber folgendes zum Vorschein:

- Der Hafer-Pit an der Chicago Board of Trade hat einen Broker und nur einige Trader.

- Seit 1982 importieren wir Hafer aus anderen Ländern und das gleicht die heimische Nachfrage aus.

- Experten sagen, wir produzieren jetzt 300 Millionen Bushel Hafer, gegenüber 1.5 Milliarden 1955.

- Die American Oats Association kann den Wettbewerbsvorteil für Hafer nicht verbessern.

- Die Bauern sind wegen der niedrigen Preise nicht an einem Anbau von Hafer interessiert.

- Importe halten die Preise niedrig. Hafer wird aus Skandinavien und Kanada importiert.

- Abgesehen vom menschlichen Verbrauch, hat sich die Nachfrage seit Jahrzehnten verringert. Als Tierfutter werden 225 Millionen Bushel prognostiziert, weniger als die Hälfte des Gesamtverbrauchs vor zehn Jahren.

In Anbetracht dieser Fakten, sah mein Freund den großartigen Hafer-Trade in einem anderen Licht und paßte.

FALLE 13
Jäger der „verlorenen Bewegung"

Jim Hyerczk, der die Gann-Theorie an der Chicago Mercantile Exchange unterrichtet und bei unseren Daytrader-Seminaren Co-Dozent ist, konzentriert sich auf dieses Phänomen in den Märkten. Jim's Meinung dazu:

> *Reaktionen des Marktes sind keine Veränderungen des Trends, viele fallen unter Ganns Bezeichnung der verlorenen Bewegung. Das geschieht, wenn die Kraft des Marktes leichte Einbrüche in den Kursmustern bewirkt. Diese Scheinbewegungen können Stops auslösen, danach drehen, und der Markt läuft dann gegen Sie. Die meisten dieser „verlorenen Bewegungen" findet man bei Über- oder Unterschreiten von Hochs oder Tiefs, in Bereichen von 50 Prozent-Wendepunkten und von geometrischen Winkeln. Wenn Sie Ihre Stops in diesen Bereichen plazieren, werden Sie mit hoher Wahrscheinlichkeit verlieren.*

In einer idealen Welt sollten Sie Ihren Stop dort legen, wo eine Trendumkehr stattfindet. Aber wie Jim uns erinnert, ist es leicht, „ausgeblufft" zu werden. Wenn sich ein

Markt weiter nach oben bewegt, liegen die Bereiche für eine Trendumkehr weiter auseinander. Setzen Sie Ihre Money Management-Stops und Trendumkehr-Stops in demselben Bereich. Wenn Sie der Meinung sind, daß Sie nicht das Geld haben, um beide Kriterien zu erfüllen ... sollten Sie vielleicht einen anderen Markt traden. Eine „Verlorene Bewegung" führt wirklich zu verlorenem Geld.

FALLE 14
Systeme zerstören sich selbst, Ihr Trading auch?

Egal, wie toll Ihr System ist, egal, welche Art von Profiten es erzeugt, es trägt die Saat für seine eigene Zerstörung in sich.

Folgendes ist der Grund: Eine Münze, die unendlich oft geworfen wird, fällt im Verhältnis von 1:1 auf Kopf oder Zahl. Aber ungefähr alle 1.000 Würfe kommt 10 mal Kopf oder Zahl hintereinander. Jedes Handelssystem lebt mit dieser Möglichkeit. Deshalb müssen Sie das Gewinn-/Verlustverhältnis Ihres Systems kontrollieren. Wenn die Märkte in einem Trend verlaufen, scheint es, als wollen Gewinne niemals enden (aber denken Sie daran, daß ein hohes Gewinn-/Verlustverhältnis beibehalten wird). Wenn sie in einer Seitwärtsbewegung sind, beginnen die meisten Systeme mit ihrer Selbstzerstörung. Es wäre an der Zeit, Ihr Handelssystem zu ändern - oder seien Sie darauf vorbereitet, daß Ihr Kapital dahinschmilzt. Sie können von den Gesetzen der Wahrscheinlichkeit erwischt werden.

FALLE 15
Schauen wir mal ... machen Sie sich nichts vor

Sie sind in einer Verlustposition. Sie sind nahe Ihrem Stop-Loss. Sie stornieren Ihren Stop-Loss und praktizieren Selbsttäuschung, indem Sie murmeln: „Schauen wir mal". Vielleicht geben Sie diese Anweisung an Ihren Broker. Kurzgesagt, Sie haben einen mentalen Stop. Das nächste Mal wenn Sie sagen: „Schauen wir mal" - sollten Sie besser aufpassen. Es kommt eine Dampfwalze auf Sie zu und Ihr Name ist auf der vorderen Walze in roten Buchstaben eingraviert.

FALLE 16
Die Falle für Trader ... versinken im Treibsand

Der lateinische Satz „Die Welt will betrogen sein, deshalb sei sie betrogen" geht tausend Jahre zurück.

Der größte Selbstbetrug ist, sich selbst als Trader zu bezeichnen, wenn Sie noch einen anderen Full Time-Job haben. Sie können nicht Trader und Zahnarzt sein. Es gibt eine Pit-Gottheit und die wird das nicht erlauben. Sie ist die einzige Person der Welt, die den Titel „Trader" vergibt und sie vergibt ihn nicht an Teilzeitkräfte. Aber Sie können ein Zahnarzt und ein Spekulant sein. Sie können Ihr Konto verwalten lassen. Aber Sie können kein Trader sein. Das ist vielleicht der größte Fehler, den die Masse macht. Zu glauben, daß sie Trader sind, während die echten Trader ihnen das Geld abnehmen.

Wenn Sie Ihr Broker anruft und Ihnen einen *Trade* vorschlägt, ersetzen Sie das Wort durch *Spekulation* und Sie werden nicht verärgert sein, wenn Sie verlieren. Der ganze Terminhandel findet in einem Pit statt. Die Pit-Trader sind Locals. Sie verdienen ihr Geld, indem sie Ihres bekommen. Innerhalb weniger Augenblicke kaufen sie unter Wert und verkaufen über Wert. Sind Sie ihnen ebenbürtig? Das bedeutet nicht, daß Sie mit Spekulieren kein Geld machen können. Wenn Sie anfangen, sich selbst als Spekulanten zu empfinden, werden Sie Ihren Platz in der Commodity-"Essensschlange" akzeptieren. Seien Sie nicht geschmeichelt, wenn Ihnen ein Broker sagt, Sie seien ein Trader. Trader haben keine Broker. Sie fällen ihre eigenen Entscheidungen. Als Spekulant müssen Sie **einen längeren Zeithorizont haben** und rigoros Ihrem System und Money Management folgen. Intuition und Gefühle haben außerhalb des Floors keinen Platz. Ihr Computer kann die Emotionen des Pits nicht aufnehmen. Aber Sie können erfolgreich sein. Hören Sie auf, sich um jeden Tick zu sorgen. Letztendlich hoffen die meisten Floor Trader auch, Nicht-Floor Trader zu sein.

FALLE 17
Kaufen mit Stolz, Halten mit Vertrauen (die Grizzly-Falle)

Wenn der Markt gegen die Masse läuft, können Spekulanten eigensinnig werden. Die Pit-Trader hoffen, daß die Masse, die mit Stolz gekauft hat, mit Vertrauen die Position hält. Die letzten Tage einer Abwärtsbewegung verändern den Markt von einem Bären in einen gigantischen Grizzly-Bär. Trader verkaufen gerne bei neuen Tiefs, die Masse hält gerne. Kaufen Sie beim ersten Kurseinbruch.

Machen Sie weiter, kaufen Sie beim zweiten Einbruch.

Sie werden der dritte Einbruch sein.

FALLE 18
Der Guru von heute kann morgen schon pleite sein

Es gibt keinen Zweifel daran, daß Sie erst intellektuelles Kapital aufbauen müssen, bevor Sie persönlichen Wohlstand aufbauen können. Wenn Sie also Biographien lesen, konzentrieren Sie sich auf Trader, die es zu etwas gebracht haben, alles wieder verloren und es nochmals geschafft haben ... und ein Vermächtnis hinterlassen haben.

Einer dieser Trader ist Bernard Baruch. Sein Rat und seine Beratung waren von vier Präsidenten gefragt und seine Investment- und Trading-Strategien werden durch ein unglaubliches Vermögen, das er seiner Familie hinterlassen hat, bewiesen. Nein, er gab weder Kurse noch tradete er nach den Sternen oder dem Mond, aber sein Rat ist noch heute gültig:

1. Versuchen Sie nicht, am Tief zu kaufen und am Hoch zu verkaufen. Das kann keiner - außer den Lügnern.

2. Lernen Sie, wie Sie Ihre Verluste schnell und sauber mitnehmen. Erwarten Sie nicht, immer recht zu haben. Wenn Sie einen Fehler machen, begrenzen Sie Ihre Verluste.

Eine Halbzeit macht noch kein ganzes Spiel und das Lesen von Biographien von Tradern, die zwei oder drei gute Jahre hatten und dann „vom Markt gefegt wurden", ist zwar unterhaltsam, aber nicht viel mehr. Suchen Sie nach Biographien von konsequenten Tradern und nicht von solchen, die am Anfangsstadium ihrer Karriere stehen. Und bleiben Sie um Himmels willen von all denen fern, die behaupten, sie könnten den Markt vorhersagen und bleiben Sie diszipliniert.

FALL 19
Futures-Ausbildung ... Ich bin so pleite, daß ich nicht aufpassen kann

Das Szenario beginnt für gewöhnlich so: Sie verdienen etwas Geld mit Trading. Sie fangen an, Zeitschriften über Trading zu lesen. Wenn Sie nur endlich mit dem Trading anfangen könnten. Aber wie? Und dann. Bäng! Sie sehen es: Seminare, Tonbänder, Hotlines - alles dreht sich um die Futures-Ausbildung. Wer sind diese Leute? Woher kommen Sie? Sie müssen gut sein, sonst würden sie nicht inserieren, oder? Falsch! Die Anzahl an unkontrollierten Commodity-Ausbildern, die behaupten, Trading zu lehren und Ihnen Gewinntrades versprechen, ist geradezu beängstigend. Nicht einmal die Spielschulen in Las Vegas verwenden diese Art von „Wundermedizin". Kein Wunder, daß 80 Prozent der Leute zu den Verlierern gehören. Aber wenige öffentliche Trader prüfen die Seriösität dieser Schulen. Würden Sie auf eine Schule gehen, bei der 80 Prozent der Absolventen in ihrer gewählten Karriere erfolglos sind?

„Die Kombination von Technologie, Optimismus und der Erfolg einiger hochangesehener Trader können leicht zu unrealistischen Erwartungen führen", sagt Perry Kaufmann in seinem Buch *Smarter Trading*. Kürzlich stellte ein in Florida ansässiger Chartservice fest: „Ohne jegliche vorherige Übung, Ausbildung oder Erfahrung ... sage ich Ihnen, wie Sie dieselben gewinnträchtigen Strategien anwenden können, um erstaunliche Gewinne zu erzielen." Weiterhin heißt es in der Werbeausgabe: „Es ist nicht ungewöhnlich, daß meine Abonnenten ihr Kapital verdoppeln, verdreifachen und sogar vervierfachen."

Was verkaufen sie wirklich? Es ist ein gedruckter Chart, der freitags nach Marktschluß verschickt wird, damit die Leute ihn bis Dienstag bekommen können. Bei aller Fairneß: Es gelingt ihnen, einige wenige Leute zu finden, die Geld durch Trading verdient haben. Es ist wie eine Lotterieanzeige:

Aus 900.000 Leuten muß man 5 herausfinden und mit deren Erfolg dann bis zum Letzten werben.

Pat Arbor, zur Zeit Präsident der Chicago Board of Trade, stellte in *The Outer Game* (Chicago: Probus, 1994) fest: „Und doch hat ein Großteil der Masse die Nachricht nicht bekommen. Sie denken, es geht nur darum, Delta Signal oder die Master Trader Software oder irgendein trügerisches System zu kaufen, das keine Chance hat zu funktionieren."

Nelson F. Freeburg, der *Formula Research* herausgibt, kann belegen, wie gut beworbene Systeme funktionieren. Kürzlich testete er 22 populäre Handelssysteme. Sein Kommentar:

> *Denjenigen, die den heiligen Gral suchen, kann ich berichten, daß im Universum der Commodity-Märkte nur wenige konstante Gewinne geboten haben. Einige Methoden für das Trading mit dem britischen Pfund waren nicht annähernd so gewinnbringend in der D-Mark - noch weniger im Handel mit Rohöl - ganz zu schweigen vom S&P 500. Sogar wenn man nur einen einzigen Markt betrachtet hat, waren die Ergebnisse oft unterschiedlich, wenn der Testzeitraum auf die komplette Kurshistorie ausgedehnt wurde.*
>
> *Sogar wenn ein System funktioniert, benötigen Sie außergewöhnliche Geduld und ein unglaubliches Money Management-System.*

Der wahre Trick ist, zwischen Ausbildung und Entertainment zu unterscheiden. Als ehemaliger Werbetexter und leitender Mitarbeiter bei Unternehmen wie MTV, Walt Disney und dem Movie Channel kann ich verstehen, wie man Fakten in Werbung umsetzt. Ein Großteil ihrer Direktmailings ist teures Entertainment. Aber woran können Sie das erkennen?

Ihr erster Anhaltspunkt ist eine fehlende Zusammenarbeit mit einer Börse oder Universität und die Tatsache, daß er oder sie eine Werbeagentur mit einer großen Kundenkartei hat. Der Ruf wird durch Publicity und Direktwerbung erreicht, und nicht durch irgendeinen akademischen oder Trading-Standard. Manchmal bietet der Lehrer an, „Traden Sie mit unserem Geld" - aber leider ist es in Wirklichkeit Ihr Geld, da er oder sie den Betrag für das Seminar einfach erhöht, um die Anforderung an die Margin und jeglichen Verlust abzudecken.

Der zweite Anhaltspunkt wird deutlich, wenn Sie entdecken, daß die Unterrichtsgebühren zwei- bis dreimal höher sind, als bei Kursen an der Börse oder der Universität. Oder wenn der Kurs von einem Trading-Magazin gesponsort wird, das ihre Redner nicht bezahlt, sondern ihnen verspricht, Raum für die Darstellung ihrer Schule und Produkte einzuräumen. Der Adressenverkauf von Teilnehmern, damit Werbefirmen über Direktwerbung noch mehr unnütze Information vermarkten können, ist kein Zeichen, daß eine Firma an Ihrer Ausbildung interessiert ist. Ein Magazin sollte unter keinen Umständen Seminare fördern, denn das kompromittiert seine redaktionelle Integrität. Ist Ihnen jemals aufgefallen, daß Seminare, die von Magazinen gesponsort werden, mit den größten Anzeigenkunden verbunden sind?

Der dritte Anhaltspunkt ist der Gebrauch von Worten wie „Geheimnis" oder „Dream Team der Gurus" und farbige Broschüren mit Aufnahmen von strahlendem Lächeln und perfekt gestylten Frisuren. Das wahre Geheimnis ist, **es gibt keine Geheimnisse.**

Wenn Sie noch immer Zweifel haben, fragen Sie, ob Ihr Lehrer ein registrierter Commodity Trading Advisor ist und dann bitten Sie ihn um Zeitungsberichte, Bücher oder Analysen. Finden Sie auch heraus, ob Ihr Lehrer ein Broker ist oder eine Verbindung mit einem der Verkäufer des Seminars besteht. Kurz gesagt, zahlen Sie für eine Verkaufsaktion oder für eine Ausbildung? Schließlich fragen Sie ihn nach monatlichen Depotauszügen mit seinem oder ihren Namen darauf. Tradet der Lehrer wirklich? Oder ist es Papiertrading? Tradet er oder sie mit einem Computer? Welcher Typ? Mit welchem Programm? Bitten Sie um eine Kopie des Trading-Plans.

Man kann Trading nur mit Beispielen lehren. Die Kursteilnehmer müssen in den Denk- und Abwicklungsprozess integriert sein. Sich hinzustellen und pädagogische Beispiele zu geben oder Anmerkungen aus Börsenbroschüren vorzulesen, reicht nicht.

Und auch wenn Sie tausend Bücher lesen und allen Seminaren beiwohnen, es gibt keinen Ersatz für echtes Trading. Vielleicht verdeutlicht eine historische Betrachtung diesen Punkt. In dem Buch *Counterattack* (New York: Putnam, 1994) nimmt der Autor W. E. B. Griffin den Leser mit in das Cockpit einer Wildcat, mit der der fiktive Pilot Charly im Dezember 1941 um den Flugzeugträger *Saratoga* kreist.

> *An der rechten Seite des Cockpits befand sich eine Kurbel. Man mußte sie mindesten 29 mal drehen, um die Landeklappen aus- oder einzufahren. Die Hebelwirkung war nicht groß und die Kurbel überhaupt drehen zu können, mußte der Pilot seine rechte Hand vom Steuerknüppel nehmen und mit der linken Hand fliegen, während er mit der rechten Hand die Kurbel 29 mal fest drehte. ... Charly hatte gelernt, wenn er nach dem Entriegeln der Landeklappen die Wildcat in eine scharfe Kurve bringt, die Landeklappen versuchen würden, die ursprüngliche Richtung beizubehalten. Einfach gesagt, wenn er die Wildcat in eine scharfe Kurve bringt, würde sich die Kurbel für die Landeklappen aus eigener Kraft drehen und wenn sie damit fertig war, würden die Klappen unten sein.*

Die Hauptfigur Charly hätte nie aus einem Buch von diesem Landeklappen-Trick erfahren. Er kannte diesen „Trick" oder erhielt diesen Einblick durch das Fliegen der Wildcat. Ebenso ist es mit dem Trading: Sie müssen traden.

Der erfolgreiche Floor-Trader zieht Nutzen daraus, zuzuschauen, zu beobachten und an Hunderten von Trades im Pit teilzunehmen. Für gewöhnlich gibt es einen Mentor oder eine Gruppe von Tradern, denen man sich während des Trading-Tags anschließen kann. Der Trader ist dabei ein Teil einer Gruppe, in der ein sehr erfahrener Trader die neuen Trader führt und lenkt. Der Nicht-Floor Trader hat kein Modell, nach dem er sein Verhalten richten kann. Ein Großteil seines Wissens ist Theorie. Es ist, als ob man Gehirnchirurgie durch Lesen eines Buches erlernen will. Es gibt Leute, die behaupten, sie würden Nicht-Floor Tradern eine Führung bieten. Aber leider könnte dies ein Broker sein, der mehr daran interessiert ist, Gebühren einzunehmen, als Sie erfolgreich zu sehen. Das erinnert einen an den Charakter des Mephisto.

Prüfen Sie die Glaubwürdigkeit des Lehrers, der „Riesengewinne" aus dem Trading verspricht. Rufen Sie die National Futures Association an und prüfen Sie, ob Ihr Lehrer ein Commodity Trading Advisor ist. Fragen Sie, ob Klagen vorliegen. Erkundigen Sie sich nach Referenzen. Lehrt er oder sie an einer anerkannten Börse oder Universität?

Eine Registrierung garantiert in keinster Weise die Ehrlichkeit einer Firma oder einer Person. Es bedeutet auch nicht, daß die Person oder Firma von der NFA, CFTC oder einer anderen Regierungsstelle empfohlen wird. Die endgültige Entscheidung, sich bei einem Kurs einzuschreiben, liegt bei Ihnen. Der CFTC zufolge ist Ihre beste Verteidigung dagegen, „geprellt" zu werden, eine beweisen-Sie-es-mir Haltung. Lassen Sie sich alle Ausführungen schriftlich geben und seien Sie Versprechungen gegenüber skeptisch. Eine 30 Tage gültige „100 Prozent Geldrückgabe-Garantie" die Systemverkäufer anbieten, wird von jeder Firma verlangt, die den U.S. Postdienst benutzt.

Das sieht jetzt nach viel Arbeit aus. Aber es kostet Sie nicht mehr als ein paar Anrufe. Schließlich untersuchen einige Leute den Kauf eines Autos sorgfältiger, als eine Commodity-Ausbildung. Und durch die falsche Ausbildung und den sich daraus ergebenden schlechten Trades kostet sie das dann mehr als das Auto.

Russ Wasendorf und Thomas McCafferty schreiben in ihrem Buch *All About Options* (Chicago: Probus 1993) über die Konzepte der Verkaufsförderung:

> *Marketing, das eine unausgewogene Darstellung der enormen Gewinne gibt, die in den Märkten gemacht werden können, mit wenig oder keinem Hinweis auf die Risiken ... verstößt gegen die gesetzlichen Bestimmungen. Zweitens, seien Sie kritisch gegenüber jedem, der das Material präsentiert. Wenn die Eingangsouvertüre schon so unstimmig ist, wird es der Rest des Liedes wohl ebenfalls sein. Deshalb ist die Frage auf den Lippen jeden Traders: „Wie geht es jetzt weiter?".*

Das ist einfach. Während jeder die gelbe Ziegelstraße zu Oz hinunterläuft, unternehmen Sie die folgenden Schritte.

Folgendes ist eine Liste von Kursen, die an der Chicago Mercantile Exchange gehalten werden. Ihre Grundkenntnisse sollten sich auf die mit einem Stern gekennzeichneten aufbauen.

Technische Analyse Japanischer Kerzencharts (Candlestick).

Depotverwaltung (unterrichtet von Patricia Gillman, Esq.).

Trading mit Währungen. *

Fundamentale Analyse. *

Absicherung der Zinsen.

Einführung in den Terminhandel.

Einführung in die Gann-Theorie.

Einführung in Market Profile.

Verwaltung in den Terminmärkten.

Geldmärkte und Kursgestaltung in den Terminmärkten.

Pit Trading.

Point and Figure, Einsichten und Anwendung.

Spread Trading.

Die Märkte mit Aktienindex.

Technische Analyse. *

Trading Techniken. *

Wycoff Volumen-Kurs-Analyse.

Serie 3 Kurs ** (bevor Sie für irgendeinen Kurs unterschreiben, lassen Sie sich die Lehrunterlagen von der Futures Industrie Association in Washington, DC schicken).

Wenn Sie mit diesen Konzepten vertraut sind, fragen Sie Ihren Software-Händler oder Datenanbieter nach Namen von Tradern in Ihrer unmittelbaren Umgebung. Der Nicht-Floor-Trader muß Grundkenntnisse von Computern haben und wissen, wie man an Informationen kommt. Vista Trading and Research bietet Anwendern von TradeStation gutes Hintergrundmaterial. Das gilt auch für andere Computerverkäufer.

Meiner Meinung nach ist das beste Futures-Programm ein Zwei-Wochen-Programm, das von der Chicago Mercantile Exchange im August abgehalten wird. Setzen Sie sich mit der Börse wegen einer Broschüre über das Programm in Verbindung. Wenn Sie zu Hause bleiben und mit einem Computer traden, lernen Sie nicht so viel, als wenn Sie sich zwei oder drei Tage mit einem Local am Commodity Pit aufhalten. Warum fragen Sie nicht Ihren Broker nach den Namen von Leuten, die erfolgreich nach derselben Art wie Sie traden? Sprecher, die umsonst reden, sind in Wirklichkeit Verkäufer. Meiden Sie sie. Die zweitbesten Kurse werden von Vista Trading and Research und der American Association of Individual Investors angeboten.

Wenn möglich, bezahlen Sie all Ihre Kurse mit Kreditkarte, dann haben Sie 30 Tage Zeit, Ihre Meinung zu ändern und eine Rückerstattung zu bekommen. Oder schlagen Sie diesen „Hausierern des Futures-Wissens" vor, Sie bezahlen ihnen einen hohen Prozentsatz des unglaublichen Vermögens, mit dem sie Sie überhäufen werden.

FALLE 20
Sich in Charts zu verrennen

Die folgende Falle von Bob Bouson von Foremost Futures plädoyiert überzeugend für eine Pause, bevor man in den Treibsand von Chartformationen versinkt: Ohne Volumen, Open Interest und fundamentale Kenntnis, können Ihnen Chartformationen ein gewissen Maß an Euphorie verleihen. Bob ist in der Klasse von Brokern/Tradern und ist ein häufiger Sprecher auf unseren Seminaren.

> *Ich war verwirrt und ohne einen Führer. Überall wußten Trader etwas von Dreiecken, Keilen, Kopf-und-Schulter-Formationen, Hochs und Tiefs und dem Rest der klassischen Theorie über Chartformationen - dank Edwards und Magee - dennoch verlieren überall Trader Geld. Die Theorie an sich, so schien es, kann nicht ohne Wert sein. Schließlich haben eine kleine Gruppe von Tradern und der Herausgeber eines vielgelesenen Börsenbriefs zumindest bis jetzt die Theorie der klassischen Chartformation erfolg-*

reich angewendet. Woher kam es dann, grübelte ich, wenn die Theorie in Ordnung war, wie ich Grund hatte anzunehmen und bei Tradern bekannt war, daß die Leute damit kein Geld machen?

Ich hatte zwei Anhaltspunkte, die mich zu dem Verdacht brachten, daß die Schwierigkeit eher in der Anwendung der Theorie liegt, als in der Theorie selbst. Wenn ich mir rückblickend meine Sammlung historischer Charts aus der Zeit anschaute, während der ich diese Märkte auch tatsächlich gehandelt hatte, sah ich deutlich wichtige und erfolgreiche Formationen, die ich, zu meinem Kummer, zur Zeit ihrer Erstehung in diesen Märkten nicht gesehen hatte.

Mein zweiter Anhaltspunkt war das Ergebnis von außergewöhnlich viel Glück.
Ich entdeckte einen bemerkenswert zuverlässigen Indikator. Der Indikator funktioniert wie folgt: Wenn ein Chart zweideutig interpretiert werden kann - das heißt, er zeigt, je nachdem wie man ihn interpretiert, eine bullische oder eine bärische Formation - und angesichts dieser Zweideutigkeit, daß die Broker einstimmig nur die bullische oder bearische Formation sehen, dann ist diejenige Formation, die die Mehrzahl der Broker nicht gesehen hat, die am wahrscheinlichsten Erfolgreiche.

Ich habe mich daran gewöhnt, dies die „unsichtbaren" Formationen zu nennen, da sie von so vielen Tradern nicht gesehen werden. Ich habe den Verdacht, daß der Ursprung in der menschlichen Neigung liegt, in zweideutigen oder unklaren Daten das zu sehen, was man sehen möchte.

FALLE 21
Keine Nachrichten: Keine Anhaltspunkte für Daytrader

In dem berühmten Buch *The Art of War* (New York: Delacorte, 1983) stellt Sun Tzu fest: „Wir sind nicht in der Lage, eine Armee in Marsch zu setzen, ohne mit der Landschaft vertraut zu sein - ihren Bergen und Wäldern, ihren Fallen und Abgründen, ihren Mooren und Sümpfen."

Wenn Sie nicht mit einem Markt und den Berichten vertraut sind, gehen Sie in die Schlacht und riskieren die komplette finanzielle Vernichtung.

Patrick Robinson, der einen speziellen Service bei Peregrine Financial bietet, formuliert das noch deutlicher: „Wenn ich Anrufe von Leuten bekomme, die fragen, was soeben die Marktbewegung ausgelöst habe, verweise ich sie auf den Trading-Kalender."

FALLE 22
Verwirren Sie nicht einen guten Trader mit einem Bullenmarkt

Oder vielleicht ist die alte Redensart „Eine steigende Flut trägt alle Boote" passender.

Der Trend geht nach oben, und das ist für alle, die einen Chart lesen können, offensichtlich. Sogar David Poll von Main Man Enterprises, seit 14 Jahren mein Freund, sagt mir: „Neal, es ist einfach, Recht zu haben, wenn alles dafür spricht."

Nur weil der Guru des Monats auf den Bullenmarkt setzt, ist das für Sie noch lange kein Grund mitzugehen. Wenn jeder den Bullenmarkt sieht, ist der wahre Trader bereit für die Gegenseite des Trades. In seinem Buch *Crisis Investing for the Rest of the 90's* (New York: Carol Pub. Group, 1993) stellt Douglas Casey fest:

> *Es gibt außergewöhnliche Verwalter und Verwalter-Philosophien, aber der durchschnittliche Käufer von Fonds verwechselt einen Bullenmarkt mit Genialität. Wenige der mehr als 3.100 Fonds werden von Genies gemanagt. Es gibt keinen Grund, viel Vertrauen in die Verwalter der meisten der tausende heute existierenden Fonds zu setzen. Die meisten von ihnen waren während des letzten Bärenmaktes noch nicht in der Schule und wenige von ihnen haben etwas anderes als einen Bullenmarkt gesehen.*

Es ist etwas Beunruhigendes daran, wenn unerfahrene Anfänger riesige Portfolios verwalten. Zuweilen nützt es nicht einmal, wenn man die Besten und Brilliantesten einstellt. Fidelity Investments, der mächtigste Investmentfonds des Landes, ging so vor und versagte doch in seiner Arbeit beim Bond-Fonds. Das Verlangen, große Positionen in der Hoffnung auf riesige Gewinne einzugehen, funktioniert in einem Bullenmarkt bei den Aktien, aber nicht bei den Bonds. Trader wissen, daß ein bullisches Vorurteil beim Trading in dem einen Markt hervorragend, bei einem anderen aber ein Reinfall sein kann.

FALLE 23
Mein Broker, mein Sohn

Einen Broker im selben Alter wie Ihr Sohn oder Ihre Tochter anzunehmen, mag Ihrem elterlichen Ego Vorschub leisten, wird aber unter Umständen langfristig gesehen nicht profitabel sein. Die meisten jungen Broker kommen frisch von der Schule und haben kaum Geld auf dem Sparkonto. Außerdem traden viele nicht.

Würden Sie Ihrem eigenen Sohn oder Ihrer Tochter $ 25.000 zum Traden geben? Würden Sie in finanziellen Angelegenheiten den Rat Ihrer Kinder annehmen? Was ist an Brokern, die im selben Alter Ihrer Kinder sind, so besonders? Sie sind für gewöhnlich gut darin, bei Ihren Eltern Geld locker zu machen ... weil Sie beharrlich sind.

Floor-Trader haben keine Broker; wir haben Hilfskräfte und wir nehmen nicht ihren Rat an. Es gibt da eine Ausnahme - haben sie selbst Geld in dem Trade investiert, den sie vorschlagen?

FALLE 24
Tendenzen sind keine Realität

Die folgenden Graphiken zeigen Tendenzen in verschiedenen Märkten. Merken Sie sich diese sogenannten saisonalen Tendenzen, aber denken Sie daran, daß sie Fallen sein können, wenn man ihnen blind folgt.

Es ist einfach, einen sogenannten saisonalen Chart zu erstellen. Alles was man dafür braucht, sind historische Daten. Saisonale Aspekte sollten nicht mehr als 30 Prozent Ihrer Trading-Entscheidung ausmachen. Ich sah, wie einen guter

Freund seine Frau, sein Haus und seine Ersparnisse verlor, indem er blind einem saisonalen Trend folgte, der zu 95 Prozent richtig war.

Die deutsche Trading-Gruppe Impact Investments in Düsseldorf sagt: „Man kann niemals die menschliche Natur vorhersagen und die ist nicht saisonal." Dennoch: „Wir behalten das im Kopf, wenn wir traden - für gewöhnlich im Hinterkopf".

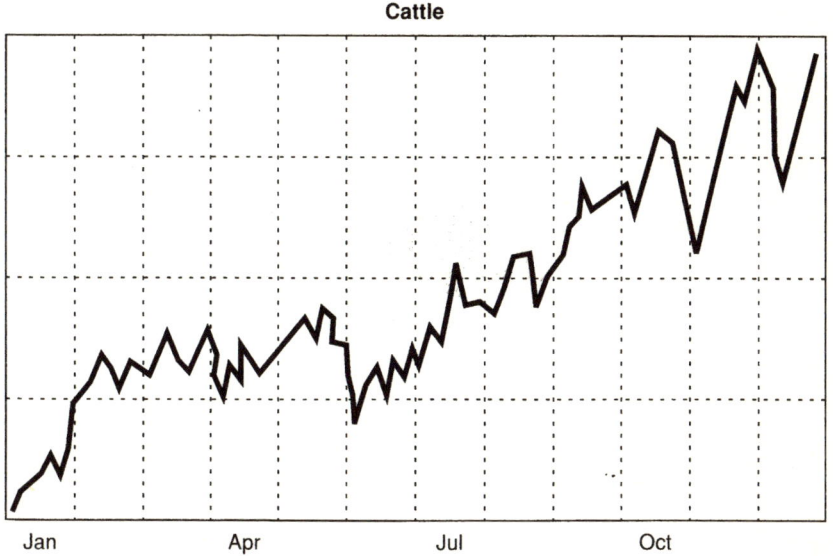

Von Hal's Chart Service

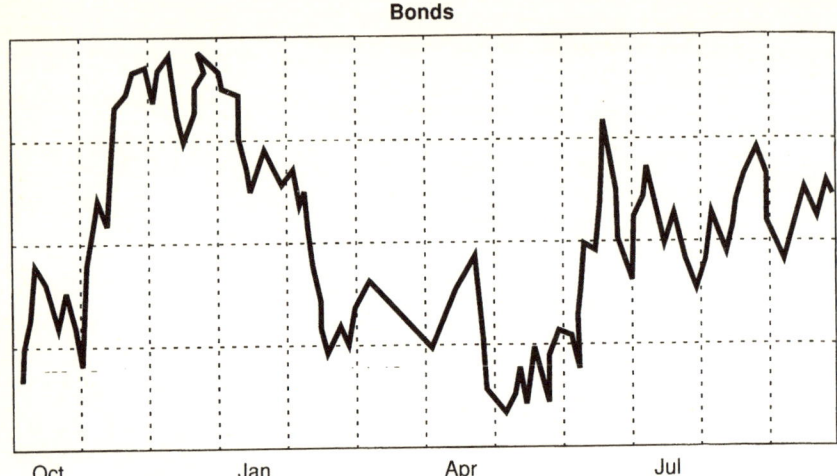

**Denken Sie daran, daß saisonale Trends Fallen sein können. Verwenden Sie sie nur zur Orientierung!
Von Hal's Chart Service**

TEIL 4
Spreads

Da Spreads - je nach Anwendung - sowohl den Tricks als auch den Tips oder Fallen zugeordnet werden können, entschied ich mich dazu, ihnen ein eigenes Kapitel zu geben. Es besteht jedoch auch die Möglichkeit, an meinem Seminar *Spread Trading* an der Chicago Mercantile Exchange teilzunehmen.

SPREAD 1
Mai Mais / März Mais

FUNDAMENTAL Die Haupterntezeit bei Mais ist im Oktober. Wenn das Getreide erst einmal gelagert ist, sollten sich die Haltekosten in den folgenden Monaten ausweiten, da ein reichliches Angebot vorhanden ist. Die kompletten Haltekosten bei diesem Spread betragen ungefähr 14 Cents. Wenn sich der März-Kontrakt der Andienung nähert, können Schwierigkeiten beim Transport im Winter, kombiniert mit saisonalem Anstieg der Nachfrage, ein bullisches Umfeld erzeugen. Es ist deshalb ratsam, die Position noch vor dem ersten Andienungstag des März-Kontraktes glattzustellen.

TIP   **Kauf: Erste Woche im Januar**
          Verkauf: Letzte Woche im Februar

TECHNISCH Nach der Charakteristik der Trading-Spanne ist es ratsam, diesen Spread nur bei Schwäche einzugehen und einen mentalen Stop unterhalb des unteren Bandes der Trading-Spanne zu legen. Konservative Trader können Teilgewinne bei Ausbrüchen über die obere Linie der Trading-Spanne mitnehmen.

HISTORISCH Während der letzten vier Jahre bestätigte dieser Spread sein Verhalten in der Trading-Spanne mit der Neigung zu einem Markt in Richtung Haltekosten. Wie sich sehr deutlich zeigt, sollte die Position sofort liquidiert werden, wenn sie gegen Ende Februar anfängt, sich nach unten zu bewegen. Da diese Bewegung dazu neigt, auf einen bullischen Druck im Markt hinzudeuten, können aggressive Trader in Erwägung ziehen, die Position zu dieser Zeit zu drehen und einen Long März/Short Mai Spread einzugehen. Wenn man das tut, muß man wegen der Möglichkeit der Andienung des nahen Kontraktes Vorsicht walten lassen.

SPREAD 2
Dezember Mais / Juli Mais

FUNDAMENTAL Er wird als „alte Ernte/neue Ernte" Spread bezeichnet, da er den Dezember Kontrakt, den ersten Futures-Monat der neuen Ernte, beinhaltet. Wenn der Trade eingegangen wird, erzeugt typischerweise die Ungewißheit über Anbaufläche und Nachfrage entweder ein kräftiges Aufgeld auf der Juli-Seite oder ein geringes Aufgeld im Dezember. Wenn sich diese Ungewißheit auflöst, herrscht weniger Druck nach oben auf dem nahen Kontrakt und der Spread fängt an nachzugeben. Die kompletten Haltekosten liegen bei ungefähr 48 Cents. Da alles nahe diesem Bereich bis zu einer späteren Jahreszeit unwahrscheinlich ist, ist eine Gewinnerwartung von 8 bis 10 Cents angemessen.

TIP   Kauf: Dritte Woche im Januar
       Verkauf: Erste Woche im März

TECHNISCH Die alte Ernte/neue Ernte-Natur des Spreads spricht dafür, daß er sich in einer handelbaren Art verhält. Trendlinien sind nützliche Indikatoren für die Richtung und scheinen bei diesem Spread zuverlässiger zu sein, als überkauft/überverkauft-Indikatoren. Bewegungen, die bei diesem Spread im Januar beginnen, zeigen oft ein Elliott Wave-Muster von entweder fünf Wellen nach oben oder drei Wellen nach unten. Wenn das Januarhoch Mitte Februar überstiegen wird, ist dies ein starkes Signal, daß die Position zumindest bis irgendwann in den März hinein weiterhin günstig laufen sollte.

HISTORISCH In den Jahren, in denen der Spread profitabel war, neigte er dazu, bei einem Kursrückgang, der Ende Januar erfolgte, eine Kaufgelegenheit zu bieten. Je länger der Markt benötigt, um wieder an Aufwärtsschwung zu gewinnen, desto unwahrscheinlicher erscheint es, daß der Spread günstig verläuft. Für Trader, die erwägen, nur Teilgewinne im März mitzunehmen und den Rest der Position länger halten wollen, stellten Hochs, die Ende Februar erzeugt wurden, später typischerweise einen erheblichen Widerstand dar.

SPREAD 3
September Mais / Juli Mais

FUNDAMENTAL Dieser Spread beinhaltet zwei Kontraktmonate innerhalb desselben Erntejahres. Er hat das Ziel, die saisonale Ausweitung der Haltekosten aufzufangen, die nach der Ernte und vor Beginn der Andienungsphase des Juli-Kontrakts auftreten. Die kompletten Haltekosten der Position betragen 13 Cents. In einem stark bullischen Markt kann der nahe Kontrakt gegenüber dem entfernteren gewinnen und der Spread würde dann ungünstig reagieren. Aus diesem Grund ist es wichtig, das Kursverhalten im Frontmonat nach Anzeichen von Stärke zu untersuchen.

TIP   Kauf: Zweite Woche im Februar
      Verkauf: Erste Woche im März

TECHNISCH Die Volatilität erhöht sich bei diesem Spread, wenn der Juli-Kontrakt Frontmonat wird. Bis dahin neigt die Position dazu, in einer Zeitspanne von ungefähr 28 Tagen zwischen den aufeinanderfolgenden Hochs und Tiefs zu traden. Dieses zyklische Verhalten kann dazu verwendet werden, den Ein- und Ausstiegszeitpunkt besser zu bestimmen, als das mit überkauft/überverkauft-Indikatoren mit Zeitspannen, die einer halben Zyklenlänge entsprechen, möglich wäre. Das Messen des Trends sollte bei diesem Spread wegen der Wahrscheinlichkeit starker, plötzlicher Kursschwankungen vermieden werden. Mentale Stops sollten außerhalb der Trading-Spanne, die sich seit Beginn des Jahres gebildet hat, gelegt werden. Anstatt zu versuchen, das Tief des Spreads zu erwischen, sollte eine Position im Februar eingegangen werden, wenn der entferntere Monat gegenüber dem nahen Monat aufzuholen beginnt. Wenn eine Position einmal eingegangen wurde, sollte nur bei kurzen Kurseinbrüchen, nicht unterhalb der unteren Trading-Spanne, hinzugekauft werden.

TRICK Dieser Spread neigte während der letzten Jahre dazu, innerhalb einer Spanne von 5 bis 8 Cents im Zeitraum Februar bis März zu bleiben. Obwohl das mögliche Gewinne begrenzt, bedeutet es aber auch ein geringeres Risiko, die Position zu halten. Einige Trader bevorzugen den Vorteil geringerer Anforderungen an die Margin bei den Getreide-Spreads und erhöhen die Anzahl der Kontrakte, die sie halten. Sogar in den Jahren, in denen sich der gesamte Spread ungünstig bewegt hat, entwickelt sich für gewöhnlich ein Sprung nach oben, der ausreicht, um die Position mit geringem oder keinem Verlust zu liquidieren.

SPREAD 4
September Sojabohnen / Mai Sojabohnen

FUNDAMENTAL Wegen der weiterverarbeiteten Produkte zu Sojabohnenmehl und -öl, wirken sich bei der Sojabohne Betrachtungen über Angebot und Nachfrage nach Tierfutter und Ölsaaten aus. Da das Erntejahr bei der Bohne am ersten September beginnt, betrachtet man dies als alte Ernte/neue Ernte Spread. Ungewißheit über die neue Ernte hilft, den Kurs des entfernten Kontraktes zu unterstützen. Sogar in bullischen Jahren neigte der Mai-Kontrakt dazu, während der ersten zwei Monate hinter dem vorderen Monaten zurückzubleiben. Es ist daher nur in stark bullischen Jahren zu erwarten, daß sich diese Position ungünstig verhält. Die vollen Haltekosten betragen 92 Cents.

TIP Kauf: Erste Woche im Januar
Verkauf: Letzte Woche im Februar

TECHNISCH Diese Position neigt Ende Dezember zu einer scharfen Abwärtsbewegung, nach der sich der optimale Einstiegszeitpunkt für diesen Spread ergibt. Einmal eingegangen, sollte diese Position unter Anwendung von Trendfolge-Techniken verfolgt werden. Die vorherrschende Richtung des Spreads wird durch eine Serie höherer Hochs angedeutet, wenn der Trend höher geht, oder durch eine Serie tieferer Tiefs, wenn er nach unten geht. Jede wichtige Welle entspricht ungefähr dem kurzfristigen 21 Tage-Zyklus der Sojabohne. Überkauft/überverkauft-Indikatoren und Trendkanal-Formationen sind wegen der Trendcharakteristik diverser Spreads nicht sehr zuverlässig. Zusätzliche Positionen können bei kurzen Kursrückgängen eingegangen werden, vorausgesetzt, der Trend setzt sich weiterhin günstig fort. Mentale Stops sollten unter dem letzten Tief gelegt und nur dann nachgezogen werden, wenn ein höheres Tief gemacht wird.

TRICK In den Jahren, in denen der Spread profitabel war, konnte das Tief von Ende Dezember gehalten werden. Wenn dieses Tief durchbrochen wurde, neigte die Position dazu, weiter nach unten zu gehen. Die Bewegung nach oben: Ein mögliches Doppeltop im Dezember ist ebenfalls ein Signal für eine mögliche Gegenbewegung. Hochs, die um Mitte Februar gemacht werden, werden oft von einer Schwäche unmittelbar danach begleitet, weshalb Teilgewinne während dieser Stärkephase mitgenommen werden sollten. Wenn das sofort darauffolgende Tief durchbrochen wird, sollte auch der Rest der Position noch vor dem eigentlich geplanten Liquidationstag glattgestellt werden.

Spreads 5 und 6 mit hohem Risiko

SPREAD 5
Kauf Februar Schweine / Verkauf April Schweine

TIP   Kauf: Erste Woche im August
Verkauf: 200 Punkte Februar Schweine über April Schweine

TRICK Die Tendenz von Februar-Schweinen, gegenüber den April-Schweinen zu gewinnen, ist im Schweine-Pit wohlbekannt. April ist für gewöhnlich ein schwacher Monat für diesen Spread. Februar kann stark sein, wenn es wetterbedingte Probleme im mittleren Westen gibt.

Am besten kauft man den Spread, wenn Februar 40 bis 80 Punkte über April notiert. Riskieren Sie nicht mehr als 110 Punkte bei dem Spread.

FALLE Hohes Risiko

Spread mit hohem Risiko

SPREAD 6
Kauf Weizen / Verkauf Mais

TIP   **Kauf: Vor dem September Ernteber100cht**
Verkauf: Der Tag nach dem Erntebericht

Bei diesem Spread sollte man die Dezember-Kontrakte verwenden. Das Ziel ist, einen Vorteil aus einer hohen Maisernte zu erzielen. Wenn Sie sich entscheiden, diesen Spread weiter zu halten, liquidieren Sie am ersten Tag, den er gegen Sie läuft. Bitte lesen Sie das Büchlein *Wheat/Corn Spread*, das von der Chicago Board of Trade kostenlos erhältlich ist.

FALLE Hohes Risiko

SPREAD 7
März Sojabohnenmehl / Juli Sojabohnenmehl

FUNDAMENTAL Sojabohnenmehl wird entweder zu leichtem Proteinfutterzusatz verarbeitet oder direkt für den menschlichen Verbrauch weiterverarbeitet. Die Nachfrage nach Mehl neigt zu relativer Stärke am Jahresanfang, da sich das Mehl nicht sehr gut lagern läßt. Dann wird die laufende Nachfrage durch den aktuellen Vorrat befriedigt. Zur selben Zeit sind Anforderungen für spätere Lieferungen weniger sicher. Brasilianische Sojabohne wird nicht vor März geerntet, deshalb tragen sie nicht zur Versorgung am Jahresbeginn bei. Exporte und Schutz des heimischen Verbrauchs sind wichtige Faktoren, bei denen man auf Anzeichen für Nachfrage, die den nahen Kontrakt beeinflussen, achten sollte.

TIP   Kauf: Erste Woche im Januar
      Verkauf: Mitte Februar

TRICK Dieser Spread funktioniert besser bei vorherrschenden Bullenmärkten, bei denen die Nachfrage nach Sojaprodukten einen Aufwärtstrend erzeugen sollte. Schwäche im Chart Ende Dezember sollte ein naheliegendes Tief Anfang Januar erzeugen, und das ist das Signal. Oft findet dieser Kursrückgang sein Tief nahe dem September-/Oktober-Tief und dies ist ein guter Bereich, in dem man Positionen erwägen sollte. Bestätigt wird der Spread, sobald er sich nach oben bewegt. Nachdem die Position in den Gewinn läuft, sollte sie nicht bis unter den ursprünglichen Einstiegspunkt gehalten werden. Wegen seiner möglichen volatilen Natur, sollten weitere Positionen nur von Tradern gekauft werden, die gewillt sind, ein höheres Risiko einzugehen. Teilgewinne können gegen Ende Januar mitgenommen werden und es sollte keine Position über den vorgeschlagenen Verkaufstag hinaus gehalten werden.

SPREAD 8
Oktober Sojabohnenmehl / August Sojabohnenmehl

FUNDAMENTAL Dieser Spread sollte sogar ohne nennenswerte Veränderung des zugrundeliegenden Kassapreises bei Sojabohnenmehl funktionieren. Die Haltekosten zwischen den zwei entfernteren Monaten sollten sich während des Jahres laufend ausweiten, wenn die Lagerungskosten zwischen den Liefermonaten in einem höheren Verhältnis zu den Gesamtlagerungskosten beitragen. Zusätzlich sollte das Angebot an Sojabohne, das im März durch die Ernte in Brasilien verfügbar wird, weniger Nachfrage in den nahen Kontrakten erzeugen. Diese Beziehungen kehren sich nur zu Zeiten extrem starker

Nachfrage oder bei geringeren Exporten aus Lateinamerika um.

TIP Kauf: Dritte Woche im Februar
Verkauf: Mitte Mai

TRICK Idealerweise sollte sich der Spread innerhalb einer engen Spanne bewegen, mit einem Aufwärtstrend von Februar bis Mai. Der Einstiegszeitpunkt kann durch die Anwendung von überkauft/überverkauft-Indikatoren, die den Kursausbruch messen, der üblicherweise Anfang Februar beginnt, verbessert werden. Eine Statistik, auf die man besonders achten sollte, ist der Spread des Vermahlungsüberschusses, die die Sojabohne in Relation zu ihren hauptsächlichen Produkten, Mehl und Öl, setzt. Das Vermahlungsverhältnis wird auf Grundlage der Mehlproduktion gebildet, daher bedeutet ein Anstieg der Vermahlung eine erhöhte Nachfrage nach Mehl. Das könnte zu einer ungünstigen Bewegung im August-/Oktober-Spread führen. Der Vermahlungsüberschuß wird berechnet, indem der Preis pro Tonne Mehl mit 0,024 und der Preis pro Pfund Öl mit 0,11 multipliziert und von dieser Summe der Preis der Sojabohne pro Buschel abgezogen wird. Da der Vermahlungsspread hier als Indikator für eine Veränderung bei der Nachfrage für Mehl verwendet wird, sollte diese Beziehung über eine längere Zeit verfolgt werden, bevor Entscheidungen getroffen werden.

SPREAD 9
Juli Sojabohnenöl /
März Sojabohnenöl

FUNDAMENTAL Steigendes Angebot an Sojabohnenöl, bedingt durch die Herbsternte, ist der hauptsächliche Antriebsfaktor hinter diesem Spread. Die Vermahlung erhöht sich im

Herbst, was zu verstärktem Ölangebot führt und dazu, die Haltekosten auszuweiten. Es ist wichtig, die Position zu liquidieren, bevor die Ergebnisse der brasilianischen Sojabohnenernte bekanntgegeben werden, da ein geringerer Ausstoß hier zu einem scharfen Anstieg bei der Nachfrage nach heimischen Produkten führen kann. Wöchentliche Exporte und monatliche Lagerbestände sollten auf Veränderungen im Angebot beobachtet werden, da sie ebenfalls einen Einfluß auf den Spread haben können.

TIP Kauf: Mitte Dezember
Verkauf: Letzte Woche im Februar

TRICK Der Einstieg in diese Position folgt einer zyklischen Abwärtsbewegung, die typischerweise während der ersten zwei Wochen im Dezember stattfindet. Sowohl überkauft/überverkauft-Indikatoren, wie auch die Unterstützung von den Oktober/November-Tiefs, können verwendet werden, um einen exakteren Einstieg zu finden. Wenn eine Position einmal eingegangen wurde, neigt der Spread dazu, unter Schwankungen zu steigen. Deshalb sollten zusätzliche Kontrakte nur bei Kursrückgängen hinzugefügt werden. Ein Ausbruch über das Dezember-Hoch ist ein gültiger Indikator für weitere Stärke und wenn ein solcher Ausbruch stattfindet, sollte die Position liquidiert werden, wenn bei Schwäche der Markt unter diese Marke fällt. Wenn das Dezember-Hoch nicht überboten werden kann, signalisiert dies eine mögliche Schwäche und man sollte eine Gelegenheit suchen, plusminus Null oder mit einem leichten Gewinn aus der Position zu kommen. Sojabohnenöl folgt einem kurzfristigen 21-Tage-Zyklus und es kann angenommen werden, daß der Spread diesem Intervall folgt. Indikatoren sollten so erstellt werden, daß sie dem Zeitraum einer halben Zyklenlänge entsprechen.

HISTORISCH Es ist wichtig, die Position nach einem Kurseinbruch im Dezember einzugehen, da eine zweite Einstiegsmöglichkeit selten geboten wird. In den letzten Jahren folgte diesem Einbruch ein scharfer Anstieg und der sollte dazu verwendet werden, zumindest Teilgewinne mitzunehmen.

Hohes Risiko

SPREAD 10
Mai Sojabohnen / Mai CBOT Weizen

FUNDAMENTAL Die Sojabohnenernte findet im September und Oktober statt, während Weizen von Ende Mai bis Juli geerntet wird. Zu Anfang des Jahres ist deshalb das Angebot an Sojabohnen bekannt, während die Menge der Weizenernte ungewiß bleibt. Während das Jahr fortschreitet, werden die Schätzungen über die Weizenernte immer genauer, wenn das Angebot an Erntegetreide näherrückt. Zusätzlich neigen die relativ höheren Erntekosten der Sojabohne dazu, die Differenz der Haltekosten zwischen beiden Commodities auszudehnen. All diese Faktoren ergeben zusammen gewöhnlich einen Anstieg der Sojabohnenpreise gegenüber dem Weizen.

TIP   **Kauf: Mitte Februar**
             Verkauf: Erste Woche im April

TRICK Diesen Spread studiert man am besten unter Verwendung von Trendfolge-Techniken. Nach einer Zeit relativer Stabilität während der letzten drei bis vier Monate erlebt der Spread Ende Februar oft einen Kursrückgang. Der Abschluß dieses Rückgangs ist das Signal, eine Position einzugehen. Von da an kann man anfangen, Trendlinien zu ziehen, und sogar einfache gleitende Durchschnitte können helfen, eine Veränderung im Trend zu bestätigen. Obwohl zusätzliche Positionen hinzugefügt werden können, macht man dies am besten bei Kursrückgängen, die nicht die Unterstützungslinien durchbrechen. Weizen hat einen kurzfristigen Zyklus von ungefähr 32 Tagen und dieser Spread schwingt oft in der Hälfte dieser Zeit. Ein Durchbrechen der Februar-Hochs ist ein starkes Signal, daß die Position zumindest die geplante Gewinnzone erreicht. Wenn er das getan hat, sollten Teilgewinne mitgenommen werden. Wenn die Position von dort wieder zurückgeht, sollten die restlichen Kontrakte liquidiert werden, auch wenn weniger als ein Monat seit dem Kauf vergangen ist.

FALLE Trader, die ihre Position in den April hinein halten möchten, sollten den scharfen Kursrückgang beobachten, der typischerweise später im Monat erfolgt. Obwohl es auch Zeiten gibt, zu denen der Spread dann wieder dreht und weitersteigt, bedeutet das Halten des Spreads in diesem Fall ein größeres Risiko.

Hohes Risiko

SPREAD 11
November Sojabohnen / Dezember CBOT Weizen

FUNDAMENTAL Dieser neue Ernte-Spread ist bestimmt für Unterschiede in den Erntezeiten zwischen der Sojabohnen- und Weizenernte, wenn das Angebot bekannt ist. Weiteres Angebot wird nicht auftauchen. Vor der Ernte ist es wahrscheinlich, daß die Erwartung auf Anpassungen die Preise drückt. Andererseits neigt die Sojabohne dazu, zu Beginn des Jahres, gerade wenn Weizen anfängt zu fallen, am stärksten zu sein. Diese Kombination läßt als wahrscheinlich erscheinen, daß der Preis der Sojabohne gegenüber dem Weizen steigt.

TIP Kauf: Dritte Woche im Februar
Verkauf: Innerhalb der ersten bis dritten Woche im Juni

TRICK Der Spread arbeitet mit einem leichten Aufwärtstrend von März bis April oder Mai. Korrekturen während dieser Zeit neigen dazu, kurz zu sein und keine neuen Bereiche zu erreichen. Wegen der engen Spanne ist es schwer, andere technische Indikatoren als langfristige Trendlinien anzuwenden, um Unterstützung und Widerstand zu messen. Oszillatoren signalisieren Richtungsänderungen zu spät. Die häufigen Kursumkehrungen bewirken, daß bei diesem Spread kleine Gewinne mitgenommen werden, wenn sie auftreten und, daß man nicht auf eine große Bewegung wartet. Andererseits, wenn einmal ein Gewinn mitgenommen wurde, kann man die Position bei einer darauffolgenden Schwäche mit dem gleichen Gewinnziel erneut eingehen. Es könnte hilfreich sein, den Mai/März Sojabohnen Spread nach Anzeichen von Stärke in den Frontmonaten zu verfolgen.

HISTORISCH Für Trader, die diesen Spread länger halten möchten, scheint sich die Volatilität bis gut in den April oder Mai nicht zu erhöhen. Sogar dann begünstigt der Trend weiterhin die Position der Haltekosten, wenn auch in einer eng begrenzten Spanne.

Moderates Risiko

SPREAD 12
Juli Sojabohnen / Juli CBOT Weizen

FUNDAMENTAL Die Vorraussetzungen für diesen Spread sind ähnlich denen für die Mai Sojabohnen / Mai Weizen-Position. Weil die Juli-Andienung auf den Mai folgt, wird dieser Spread etwas später gekauft und etwa einen Monat länger gehalten. Durch das Halten der Position in den Beginn der Weizenernte hinein, ist sie empfindlicher gegenüber Änderungen in diesem Markt. Während des Sommers steigt Weizen oft stärker als die Bohne, da die Weizenernte eingebracht ist und die Sojabohnenernte sich nähert. Aus diesem Grund sollte der Spread nicht bis in die Andienungszeit gehalten werden.

TIP Kauf: Letzte Woche im Februar
Verkauf: Dritte Woche im Mai

TRICK Die Position wird am besten mit Trendfolge-Methoden analysiert. Langfristige Unterstützungs- und Widerstandslinien können von sehr weit zurück eingezeichnet werden. Chartformationen, wie Doppel- oder Dreifachhochs und -tiefs, sind ebenfalls Anzeichen einer möglichen Preisumkehr. Überkauft/überverkauft-Indikatoren können verwendet werden, um den Einstieg und Ausstieg festzulegen. Die Länge der Zeiteinheit sollte aber sorgfältig ausgewählt werden, um zu frühe Signale zu vermeiden. Wenn die erste Position eingegangen wurde, können zusätzliche Kontrakte bei Kursrückgängen hinzugefügt werden, falls die vorherigen Tiefs nicht unterschritten wurden. Teilgewinne sollten mitgenommen werden, wann immer der Spread in den überkauften Bereich kommt, denn die Kurskorrekturen können manchmal bedeutend sein. Wegen der erhöhten Volatilität während der Andienungsphase, sollte die Position in jedem Fall zumindest einen Monat, ehe die Kontrakte diese Phase erreichen, liquidiert werden.

HISTORISCH In allen, außer in einem der letzten neun Jahre, zeigte dieser Spread eine Schwäche von Oktober bis Februar. Das liegt hauptsächlich an einem gestiegenen Angebot an Sojabohnen als Folgen der Ernte. Wenn dieses Angebot in den Markt integriert wird, dreht der Spread typischerweise seine langfristige Richtung und beginnt zu steigen.

SPREAD 13
Verkaufen Sie einen Teenager

TRICK Verkaufen Sie Calls und Puts mit einer Restlaufzeit von 19 oder weniger Tagen bis zum Verfall. Daher der Name Teenager. Meistens verfällt die Prämie oder das Theta während dieser Zeit.

TIP   Vergewissern Sie sich, daß keine Regierungsbericht herauskommen, die den Markt auf eine dramatische Weise beeinflussen können.

FALLE Wenn Sie vergessen, einen Stop-Loss zu legen, könnte das ein Disaster bedeuten. Lassen Sie sich nicht in eine vermeintlich deltaneutrale Position hineinreden. Eine deltaneutrale Position ist wie ein Dinosaurier in Ihrem Vorgarten. Er muß immer gefüttert werden.

DISKUSSION Am besten verwenden Sie für diese Art des Tradings den OEX. Der OEX wurde 1983 geschaffen und ist ein Korb von Blue Chip-Aktien. Bei dieser Art des Spreadtradings müssen Sie Markteinschätzung, Volatilität und Basispreise in Erwägung ziehen.

Für eine Feinabstimmung dieses Trades rufen Sie Tim Mouton an unter 1-800-880-4572 und fragen Sie nach OEX-Strategien für Teenager.

Moderates Risiko
SPREAD 14
Juni Lebend-Rinder / August Lebend-Rinder

FUNDAMENTAL Rinder erfahren ihre größte Vermarktung im späten Herbst, wenn sie von der Grasfütterung auf teureres Futter umgestellt werden. Auf Tiefs, die zu dieser Zeit entstehen, folgen steigende Preise bis in den späten Frühling oder frühen Sommer hinein. Diese Konstellation begünstigt in den meisten Jahren die Bull-Spreads. Das größte Risiko für die Position ist eine starke Mast von Mastrindern im frühen Winter, die im Frühling zu einer erhöhten Fleischproduktion führen. Das führt dazu, daß die Preise im nahen Kontrakt unter Druck kommen. Wenn Sie diesen Spread erwägen, ist es wichtig, den monatlichen USDA Cattle on Feed Report auf Änderungen der Herdengröße zu beobachten.

TIP   Kauf: Dritte Woche im Januar
      Verkauf: Zweite Woche im April

FALLE   Liquidieren Sie vor dem Cattle on Feed Report.

Hohes Risiko
SPREAD 15
Juni Lebend-Rinder /
Oktober Lebend-Rinder

FUNDAMENTAL Dieser Spread folgt im späten Winter den saisonalen Gegebenheiten des Rindermarktes. Typischerweise neigen ein knappes Angebot und eine Stärkung des Kassamarktes zu einer Unterstützung des nahen Kontraktes. Anstiege bei der Mast von Mastrindern im Frühjahr im Vergleich zum Winter, hebt das erwartete Angebot für Oktober, was den Preis des entfernteren Kontraktes drückt. Starke Mästungen im Winter, Aufgabe von Weideflächen und Wettbewerb mit Schweine- und Geflügelprodukten sind die hauptsächlichen Marktrisiken.

TIP   Kauf: Erste Woche im Februar
      Verkauf: Nach 150 Punkten oder in der
      ersten Woche im März

TRICK Dieser Spread bewegt sich trendmäßig in einem regelmäßigen Zyklus von 10-14 Tagen. Dieser Zyklus kann dafür verwendet werden, um den Ein- wie auch Ausstiegszeitpunkt zu bestimmen. Trendlinien können entweder vom Dezember- oder Januar-Tief gezeichnet werden und Positionen sollten bei einem späteren Unterschreiten liquidiert werden. Andere Trendfolge-Techniken sollten wegen ihres Mangels, Richtungsänderungen zu signalisieren, vermieden werden. Starken Rallies folgen meist ebenso starke Kurseinbrüche, deshalb ist es vorzuziehen, einen Trade früh zu liquidieren anstatt zu warten, bis der Spread dreht. Wenn die Januar-Hochs die des Vormonats nicht überbieten, bedeutet dies die Aussicht auf eine mögliche Schwäche und tiefere Kurse. Mentale Stops müssen wegen der Volatilität, die im Rindermarkt manchmal erheblich sein kann, weit genug weg gelegt werden.

FALLE Die Kursabschwächung, die im Januar beginnt, kann sich bis nach der ersten Woche im Februar hinziehen, weshalb das Einstiegstiming bei diesem Spread schwierig sein kann.

SPREAD 16
Juni Schweine / April Schweine

FUNDAMENTAL Saisonale Muster sind im Schweinemarkt heutzutage wegen der verbesserten Methoden bei Geburt und Aufzucht weniger wichtig, als sie es früher waren. Da jedoch Mais immer noch das Hauptfutter für Schweine ist, erhöht dessen Preissteigerung die Zahl der geschlachteten Schweine. Diese Beziehung tritt normalerweise zwischen Februar und Anfang April auf und erhöhtes Angebot begünstigt den Bear Spread. Die Kassapreise für Schweine sollten beobachtet werden, denn ein inverser Markt, bei dem die Futures unter dem Kurs der Kasse gehandelt werden, weist auf eine starke Nachfrage hin und das ist ein Zustand, bei dem sich dieser Spread nicht gut entwickelt.

TIP Kauf: Mitte Februar
Verkauf: Erste Woche im April

TRICK Wenn diese Position gekauft wird, sollte der spätere Kontraktmonat eine Prämie von 200-300 Punkten gegenüber dem nahen Monat haben. Alles, was deutlich darüber hinaus geht, deutet darauf hin, daß sich der Markt bereits dem erhöhten Angebot angepaßt haben könnte und ein weiteres Potential nach oben begrenzt ist. Bevor der April-Kontrakt nicht in die Andienungsphase kommt, ist es unwahrscheinlich, daß der Spread große Volatilität zeigt, weshalb Trendfolgemethoden vermieden werden sollten. Schweine haben einen kurzfristigen Zyklus von ungefähr 21 Tagen, deshalb sollte der Position nach dem letzten Hoch oder Tief besondere Aufmerksamkeit geschenkt werden. Chartformationen sind in den Märkten für Schweine und Schweinebäuche bekannterweise unzuverlässig, deshalb wird der Erkennung von Chartmustern keine besondere Bedeutung beigemessen. Mentale Stops sollten außerhalb einer Spanne der täglichen Volatilität und oberhalb des Tiefs der letzten 30 Tage gelegt werden.

FALLE Wenn der Spread nicht kurz nach dem Kauf steigt, sollten keine weiteren Positionen nach folgenden Kurseinbrüchen hinzugefügt werden, da sich die Wahrscheinlichkeit einer Seitwärtsbewegung erhöht. Nur in einem der letzten fünf Jahre übertraf das Hoch im März dasjenige vom Februar, was verdeutlicht, wie wichtig es ist, den richtigen Einstiegspunkt zu finden.

Hohes Risiko
SPREAD 17
April Lebend-Rinder / April Schweine

FUNDAMENTAL Dieser Spread hat das Ziel, an den unterschiedlichen saisonalen Richtungen zu Jahresanfang in diesen zwei Fleischmärkten zu profitieren. Der Preis für Rinder steigt im allgemeinen, wenn Angebot und Schlachtungen abnehmen und die Viehweiden im Frühjahr verfügbar werden. Voraussetzung dafür ist eine geringe Mast von Mastrindern im frühen Winter. Das Angebot an Schweinen ist zur selben Zeit für gewöhnlich sehr groß und bewirkt einen Abwärtsdruck auf die Schweinepreise. Das Hauptrisiko in der Position ist die Möglichkeit stärkerer Mast im frühen Winter, die die Rinderpreise im Frühling vom Steigen abhalten könnten.

TIP Kauf: Erste Woche im Februar
Verkauf: Erste Woche im März

TRICK Wenn Positionen gekauft werden, sollte die Prämie weniger als 25 Cents pro Pfund, Basis Rinder, sein. Andernfalls müßten Rinderpreise erst stark ansteigen, bevor der Spread profitabel wird. Scharfe Kursspitzen machen es schwer, diese Position nach Trendfolge-Techniken zu traden, obwohl Trendlinien, die die Hochs oder Tiefs verbinden, benutzt werden können, um die generelle Richtung anzuzeigen. Zusätzliche Kontrakte sollten nicht im späteren Verlauf hinzugekauft werden und Teilgewinne sollten mitgenommen werden, wann immer der Spread in einen überkauften Bereich kommt.

SPREAD 18
April Lebend-Rinder / April Mastrinder

FUNDAMENTAL Während des späten Winters erreichen die Preise für Mastrinder ihr saisonales Hoch des Jahres. Dies ist ein Überschwappen der Tendenz der Rinderpreise, die von Dezember bis Februar steigen. Stärke bei den Rinderpreisen überträgt sich während dieser Jahreszeit auf höhere Preise für Mastrinder. Die Wechselbeziehung ist gebrochen, sobald sich das Angebot vergrößert, wenn Winter-Mastrinder erhältlich werden. Das geschieht für gewöhnlich um die Zeit der Andienung des Februar Futures-Kontraktes. Da Rinder ungefähr 5 1/2 Monate vor der Schlachtung zur Mast geschickt werden, ist dieser Spread spekulativer als einer, bei dem die Kontrakte weiter auseinander liegen.

TIP Kauf: Erste Woche im März
Verkauf: Letzte Woche im März

TRICK Da der April-Kontrakt sowohl bei Rindern, als auch bei Mastrindern bei Beendigung des Februar-Kontraktes zum Frontmonat werden, kann dieser Spread um den Verfallzeitpunkt extreme Volatilität zeigen. Aus diesem Grund sollten keine Positionen eingegangen werden, bis der Februar-Kontrakt ausgelaufen ist. Bei einer empfohlenen Haltezeit der kompletten Position von nicht mehr als einem Monat, sollten keine weiteren Positionen bei anschließender Schwäche hinzugekauft werden. Um die Schwankungen innerhalb eines Tages zu messen, sollten Ein-Stunden-Charts, wenn möglich schon einige Wochen bevor Sie den Trade eingehen, geführt werden. Wenn eine Position eingegangen werden soll, sollte die Seite mit den Mastrindern als erste geöffnet werden, da diese Seite für gewöhnlich schwieriger einzugehen ist. Das gesamte Open Interest bei den Mastrinder-Futures liegt oft bei weniger als 20 Prozent dessen von Rindern. Nachdem ein Gewinn von 100-150 Punkten erreicht wurde, sollte zumindest ein Teil der Positionen glattgestellt werden.

SPREAD 19
Juni Lebend-Rinder / Mai Mastrinder

FUNDAMENTAL Dieser Spread sollte normalerweise seine extremsten Werte irgendwann Ende Januar oder Anfang Februar erreichen. Zu dieser Zeit ist das Angebot an Mastrindern nahe dem Tief, während die Rinderpreise ihre saisonale Spitze nicht vor Ende März oder Anfang April erreichen sollten, was mit der Zeit übereinstimmt, zu der empfohlen wird, diese Position zu schließen. Die monatlichen *USDA Cattle on Feed Reports* sowie die Kassamarktpreise sollten auf Anzeichen erhöhter Angebote in diesen zwei verwandten Märkten beobachtet werden.

TIP　Kauf: Mitte März
　　　Verkauf: Zwischen ersten und zehnten April

TRICK Es ist für diesen Spread üblich, daß er einen Anstieg nach der Elliott Wave-Zählung von den Tiefs im Januar und Februar zu den Hochs im April zeigt. Impulswellen innerhalb dieser Sequenz können verwendet werden, um Teilgewinne mitzunehmen, während Korrekturwellen die Möglichkeit bieten, neue Positionen hinzuzufügen. Trendlinien, die von den letzten Tiefs gezogen werden, sind verläßliche Bestätigungen des allgemeinen Trends und überkauft/überverkauft-Indikatoren sind hilfreich bei der Bestimmung, wann sich jede Impulswelle wahrscheinlich ihrem Ende nähert. Kurzfristige Trading-Zyklen treten bei diesem Spread nicht klar zutage und deshalb ist die Auswahl der optimalen Zeiträume bei der Konstruktion verschiedener Indikatoren schwierig. Als anfängliche Annäherung kann man den halben normalen Rinderzyklus von 15 Handelstagen versuchen und dann, basierend auf der Wechselbeziehung, anhand der letzten Preisgestaltung korrigieren.

FALLE Dieser Spread hat sich in jedem der letzten 10 Jahre günstig entwickelt, wenn auch in unterschiedlichem Ausmaß. Ein Einstieg im März sollte nach einer Korrektur des Anstiegs über die Februar-Tiefs erfolgen. Eine Verletzung der nach unten gehenden Trendlinie von Hochs des letzten Jahres bestätigt eine Umkehr der langfristigen Richtung und erhöht die Wahrscheinlichkeit höherer Preise im Spread. Aggressive Trader können in Erwägung ziehen, ihre Positionen im April zu drehen, da sich das saisonale Hoch bei den Rindern entwickelt und der Spread typischerweise zumindest bis Ende Mai fällt.

SPREAD 20
August Lebend-Rinder / August Mastrinder

FUNDAMENTAL Die saisonalen Muster dieses Spreads sind weniger ausgeprägt, als in den anderen Rinder / Mastrinder Spreads, da extreme Kurse während der ersten paar Monate im Jahr weniger Auswirkungen bei den hinteren Kontrakten haben. Diese Position neigt dennoch dazu, den nahen Monaten zu folgen, wenn das Angebot an Mastrindern steigt, während die Rinderpreise steigen. Das größte Risiko ist die Entstehung einer schleppenden Rindervermarktung, wodurch die Kurse für Rinder fallen und bewirken, daß die Mastrinder zu lange gemästet werden.

TIP   Kauf: Mitte März
          Verkauf: Nach 100 Punkten oder 5 Wochen

TRICK Die Analyse dieses Spreads erweist sich als schwieriger aufgrund der Tatsache, daß er Zeiten mit Trends hat und er sich in anderen Jahren in einer engen Trading-Spanne bewegt. Wenn die Position im Trend läuft und die Hochs Anfang Mai die des vorherigen Monats überboten haben, sollten in diesem Fall die Anwendung von Oszillatoren zu Gunsten von Trendfolgetechniken vermieden werden. In den Jahren mit einer Trading-Spanne, sollte wegen des geringen Potentials nach oben bei Kursrückgängen keine zusätzlichen Kontrakte gekauft werden. In solchen Jahren sollten zwischendurch Gewinne bei Rallies mitgenommen werden, und es sollten Indikatoren konstruiert werden, die die Hälfte des normalen Rinderzyklus von 15 Tagen verwenden. Trader, die der Wechselbeziehung von Mastrindern, Lebend-Rindern und Futtergetreide folgen möchten, sollten dem sogenannten *Cattle Feeding Margin Spread* beobachten. Diese Beziehung mißt den Unterschied zwischen Mastrindern und Mais auf der einen Seite und Lebend-Rindern auf der anderen. Das Verhältnis ist für gewöhnlich 4 Mastrinder-Kontrakte und 3 CBOT Mais-Kontrakte (je 5.000 Buschel) zu jeweils 7 Lebend-Rinder-Kontrakten.

SPREAD 21
Juni DMark / Juni Schweizer Franken

FUNDAMENTAL Ein Spread, der aus ausländischen Währungen besteht, wird manchmal als „Cross" bezeichnet. Bewegungen in der Position stellen eine Veränderung des relativen Wechselkurses zwischen den beiden Märkten dar, der wiederum von der Höhe der Zinssätze in beiden Ländern abhängt. Dieser Spread findet oft Ende des Jahres seinen Boden, vermutlich weil die Trader ihr Marktengagement während der amerikanischen Feiertage reduzieren. Nach dem Ersten des Jahres werden neue Positionen eingegangen, wenn die DMark gegenüber dem Schweizer Franken zulegt, unter anderem wegen der Nachfrage nach westdeutschen Exporten und der geringen Besorgnis über „sichere" Investments.

TIP Kauf: Letzte Woche im Januar
Verkauf: Nach 50 Punkten oder in der
ersten Woche im März

TRICK Bei einer potentiellen Volatilität im Cross sollten bei dieser Position Trendfolge-Techniken angewendet werden.

Linien, die von den extremen Punkten vom letzten Quartal des letzten Jahres gezogen werden, bieten ebenso hilfreiche Unterstützungs- und Widerstandszonen, wie Konsolidierungsbereiche, die zur selben Zeit auftreten. Wegen der möglichen Volatilität sollten später keine zusätzlichen Positionen hinzugefügt werden, während Rallies, die den Spread in überkaufte Bereiche bringen, für Gewinnmitnahmen benutzt werden können. Wenn man Währungs-Futures tradet, ist es wichtig, über Nacht den EFP-Markt auf Bewegungen hin zu beobachten, die außerhalb der täglichen Tradingzeit liegen.

SPREAD 22
Dezember Treasury Bills / März Treasury Bills

FUNDAMENTAL Mit steigender Laufzeit eines Schuldenpapiers erhöht sich typischerweise der damit verbundene Zinssatz, um das zusätzliche Risiko, das die Gläubiger übernehmen, zu kompensieren. Diese Beziehung zeigt sich graphisch bei der normalerweise aufwärtssteigenden Zinskurve, die den Zinssatz als Funktion der Zeit darstellt. Ein Abflachen dieser Kurve ist gewöhnlich relativ kurz und weist auf eine stärkere Nachfrage an kurzfristigen Papieren hin, was oft zu Ende des Jahres der Fall ist. Wenn die Kurve anfängt, ihre ursprüngliche Richtung wieder aufzunehmen, gewinnen Papiere mit langfristiger Verfallszeit gegenüber den kurzfristigen. Dieser Ausgleich wird durch Treasury Bill Futures aufgefangen, indem man einen Bull Spread mit neun Monate auseinander liegenden Kontrakten eingeht.

TIP   **Kauf: Mitte Dezember**
           Verkauf: Erste Woche im März

TECHNISCH Die Zinskurve deckt typischerweise einen Zeitraum von 90 Tagen bis 30 Jahren ab. Daran gemessen ist die Dauer von 6 Monaten nur ein kleiner Teil. Preise für Papiere mit dieser Verfallszeit sollten allmählich steigen, wenn der Steigungswinkel der ganzen Kurve steigt. Dies spiegelt sich in einem leichten Aufwärtstrend im Spread wider, der seine Spitze erreicht, wenn der nahe Kontrakt in die Andienungsphase kommt. Da sich der T-Bill Future entgegengesetzt zum Zinssatz bewegt, steigt dessen Kurs, wenn der Zinssatz fällt. Der Spread wird sehr wahrscheinlich steigen, wenn der entferntere Kontrakt zu Jahresende mit einem Abschlag gegenüber dem nahen Kontrakt gehandelt wird. Wenn im entfernten Monat bereits eine starke Prämie besteht, ist es weniger wahrscheinlich, daß der Spread weitere Gewinne hervorbringt. Dies trifft besonders dann zu, wenn der Zinssatz der *Federal Funds** während der letzten Handelstage im Jahr nicht nach oben schnellt.

HISTORISCH Es ist nicht ungewöhnlich, daß um die dritte Woche im Februar eine leichte Abwärtskorrektur auftritt; und wenn das geschieht, dann sollte die Position geschlossen und nicht gehalten werden, bis der nahe Kontrakt in die Andienungsphase kommt.
Geringeres Risiko

SPREAD 23
Mai Orangensaft / Juli Orangensaft

FUNDAMENTAL Das Erntejahr für Orangen dauert vom 1. Dezember bis 30. November. Die Ernte in Florida beginnt im Dezember und ist typischerweise Mitte Juni beendet. Das Angebot an gefrorenem, konzentriertem Orangensaft, auf den der Futures gehandelt wird, hängt in erster Linie vom Ertrag ab, der wiederum von den Wetterbedingungen abhängt. Da die maximale Produktion unter Annahme idealer Temperaturen und Feuchtigkeit errechnet werden kann, konzentriert sich die Spekulation darauf, wie tief die Produktion unter diesen Bereich fallen wird. Frost zu Ende des Winters hat gewöhnlich eine bullische Auswirkung auf den Markt und führt zur Ausweitung des Spreads.

TIP Kauf: Mitte Januar
Verkauf: Letzte Woche im März

TRICK Nach einer längeren Seitwärtsbewegung sollte dieser Spread um die erste Woche im Februar einen leichten Aufwärtstrend zeigen. Wenn er das tut, kann eine Unterstützungslinie durch Verbinden der letzten Tiefs gezeichnet werden und Positionen sollten gehalten werden, solange der Spread nicht darunter schließt. Obwohl es riskanter ist, können zusätzliche Positionen bei Kursrückgängen, die nicht die langfristige Unterstützungslinie durchbrechen, hinzugefügt werden. Die Dezember-Hochs müssen überboten werden, bevor die Position eine hohe Erfolgswahrscheinlichkeit aufweist. Das sollte idealerweise irgendwann im Februar passieren, obwohl es gelegentlich erst später im März geschah. Orangensaft-Futures zeigen kein oder kaum zyklisches Verhalten, so daß die Erstellung und Anwendung von überkauft/überverkauft-Indikatoren schwierig sein kann.

FALLE Da hohen Preisen im März oft eine kurze, aber scharfe Korrektur folgt, ist es besser, Gewinne mitzunehmen, wenn der Markt in einen überkauften Bereich kommt, als darauf zu warten, daß der Markt dreht. Der Markt ist nach dieser Umkehr nicht mehr sehr fest und es ist deshalb nicht empfehlenswert, Positionen noch länger zu halten.

SPREAD 24
Juli Baumwolle / Dezember Baumwolle

FUNDAMENTAL Das Erntejahr in den Vereinigten Staaten für Baumwolle geht vom 1. August bis zum 31. Juli. Die Anpflanzung beginnt im März und die Ernte ist gewöhnlich während des Dezembers abgeschlossen. Der Juli-Kontrakt ist der letzte des alten Erntejahres und Dezember ist der erste des neuen Erntejahres. Dieser „alte Ernte/neue Ernte" Spread unterliegt deshalb Schwankungen zwischen den Erntejahren. Die kompletten Haltekosten betragen ungefähr 390 Punkte und man kann erwarten, daß der Spread diesem Bereich am nächsten kommt, wenn die Nachfrage niedriger und die Erwartung auf die Ernte hoch sind. Das tritt typischerweise während Dezember oder Januar auf. Der *USDA Cotton Planting Intentions Report*, der nach dem Ersten des Jahres herausgegeben wird, sollte bezüglich der erwarteten Menge der neuen Ernte beobachtet werden.

TIP Kauf: Letzte Woche im März
Verkauf: Mitte Juni

FALLE Der Spread unterliegt großer Volatilität und sollte nur bei Anzeichen eines steigenden Marktes im überverkauften Bereich eingegangen werden. Bei Indikatoren, die diese Bedingung messen, sollte ein Zeitraum von ungefähr neun Tagen, was der halben Trading-Periode des Baumwollzyklus entspricht, verwendet werden. Wegen der Möglichkeit einer scharfen Kursumkehr, sollten bei Kursrückgängen keine weiteren Positionen hinzugekauft werden. Wenn der Chart von November bis Januar fortlaufend tiefere Hochs zeigt, zeigt eine Linie, die diese Punkte verbindet, einen Widerstand während der ersten Monate des neuen Jahres.

HISTORISCH Es ist nicht ungewöhnlich, daß sich der Kurseinbruch, der oft im März beginnt, bis in die erste Aprilwoche fortsetzt und deshalb sollte eine Position nur dann eingegangen werden, wenn es scheint, daß die Abwärtsbewegung beendet ist. Wenn der Spread günstig verläuft, gibt es immer noch genug Gewinnpotential, sogar, wenn ein Teil der Aufwärtsbewegung verpaßt wurde.

Hohes Risiko
SPREAD 25
Mai Bauholz / Juli Bauholz

FUNDAMENTAL Die Bauholzproduktion wird von saisonalen Erwägungen kaum berührt, da die meisten Mühlen fast ununterbrochen arbeiten können, was durch die Nachfrage garantiert wird und sich im Preis widerspiegelt. Volatilität ist hauptsächlich eine Auswirkung des Verbrauchs, der sich an solchen Faktoren wie Zinssatz und Wohnungsbau zeigt. Die Kaufseite dieses Spreads hat sich in der Vergangenheit gut entwickelt, da sich die Nachfrage nach Bauholz bei steigender Bautätigkeit während der wärmeren Witterung erhöht. Zusätzlich zur heimischen Nachfrage, ist auch der ausländische Verbrauch von Bedeutung, da die Vereinigten Staaten weiterhin Sperrholz, Bauholz und Stammholz in das Ausland exportieren.

TIP   Kauf: Erste Woche im Januar
          Verkauf: Mitte März

FALLE Starke Volatilität ist in dieser Position möglich, da die Nachfrage nach Bauholz schwankt. Der Spread neigt dazu, für mehr als ein paar Tage in eine Richtung zu gehen, wenn er erst einmal angefangen hat, und dieses Phänomen gilt sowohl für die Haupt-, wie auch für die Korrekturphase. Obwohl Bauholz einen kurzfristigen Trading-Zyklus von ungefähr 19 Tagen hat, erweisen sich für gewöhnlich Oszillatoren und andere überkauft/überverkauft Indikatoren wegen der großen Schwankungen, die auftreten können, als unzuverlässig. Als

Ergebnis dieser Volatilität sollten Gewinne mitgenommen werden, wenn der Spread stark erscheint, da Kursumkehrungen sogar innerhalb nur eines Tages erheblich sein können. Es ist vorzuziehen, eine Position nur einzugehen, wenn sie nach einem Kursverfall steigt. Die größte Stärke tritt auf, wenn der nahe Monat mit Aufgeld gegenüber dem hinteren Monat gehandelt wird. Die Position sollte nur dann eingegangen werden, wenn die beiden Kontrakte in etwa zum gleichen Preis oder zu Pari gehandelt werden. Handeln Sie bei einer Limit Up-Bewegung nie antizyklisch (d.h. in diesem Markt).

SPREAD 26
Der Platin / Gold Spread-Indikator für Bonds

Es scheint, als gäbe es an jedem Trading-Tag einen Regierungs- oder privaten Bericht, der die Kurse der Bonds bewegt: Einzelhandelsumsätze, Arbeitslosigkeit, Konsumklima, Einkaufsmanager-Index, usw. Die Reaktion auf diese Berichte verursacht oft bedeutungsloses Hin und Her, das fundamentale wie technische Analysten verwirrt.

Wenn der Bondmarkt langfristig gesehen schwer zu traden ist, gerät der durchschnittliche Futures-Trader in die Versuchung, die Bonds kurzfristig zu traden. Aber Floor-Trader zahlen jedesmal, wenn sie traden, nur um die $ 1. Nicht-Floor Trader zahlen nicht nur Gebühren, sondern auch den Unterschied zwischen Bid und Ask (in einem liquiden Markt für gewöhnlich ein Tick*; bei den Bonds $ 31,25 je Kontrakt). Wenn dieser Nicht-Floor-Trader versucht, jeden Tag einen Kontrakt zu traden, erwarten ihn Kosten von (im Durchschnitt) $ 25 an Commission plus die $ 31,25 für einen Tick Unterschied zum Bid/Ask, eine Differenz von insgesamt $ 56,25. Bei 240 Trading-Tagen ergibt das $13.500, nur um plusminus Null abzuschneiden - und das schließt die Kosten für „Real-Time Kurse" und andere Ausgaben nicht ein. Dadurch wird Daytrading zu einem Verliererspiel für alle, außer den brillantesten Nicht-Floor-Tradern.

Eine Möglichkeit, längerfristige Bond-Trades durchzuführen, ist die Anwendung einer alten Floor Trader-Regel, die mein Freund Grant Noble fördert. Kurz bevor die Meldung eines wichtigen Berichts, der die Bonds beeinflußt, herauskommt, legen Sie einen Kaufstop 16 Ticks über den aktuellen Kurs und einen Verkaufsstop 16 Ticks unter den aktuellen Kurs. Wenn der Kaufstop durch den Bericht ausgeübt wird, legen Sie einen Absicherungsstop 8 Ticks unter Ihren Einstiegskurs. Wenn der Verkaufstop durch den Bericht ausgeübt wird, legen Sie einen Absicherungsstop 8 Ticks über den Einstiegskurs. Wenn kein Stop ausgelöst wurde, verfallen beide am Ende des Tages und Sie können auf einen anderen Bericht warten und neue Stops legen. Wenn Sie einmal im Markt sind, verwenden Sie Ihren Absicherungsstop bis ein „Bericht-Stop" tiefer ist, als Ihr ursprünglicher Absicherungs-Kaufstop oder höher, als Ihr ursprünglicher Absicherungs-Verkaufsstop.

Nehmen wir an, die September-Bonds notieren bei 100 kurz bevor der Bericht der Juni-Arbeitslosenzahlen in der ersten Juliwoche herauskommt. Sie legen den Kaufstop bei 100-16 und den Verkaufsstop bei 99-16. Ein bullischer Bericht löst Ihren Kaufstop aus und Sie legen einen Verkaufsstop bei 100-08, um Ihren Long Bond-Kontrakt abzusichern. Der Bond-Markt bewegt sich weiter nach oben. Eine Woche später, kurz vor dem Bekanntwerden des Juni Erzeugerpreisindex, notiert der Bond-Kontrakt bei 103-16. Jetzt legen Sie einen weiteren Kaufstop bei 104 und einen Verkaufstop für zwei Kontrakte bei 103 - einen, um Ihre alte Long-Position zu liquidieren und einen, um Short zu gehen. Der Verkaufsstop für zwei Kontrakte ersetzt Ihren alten Absicherungs-Verkaufsstop bei 100-08.

Obwohl Grant glaubt, daß Sie mit dieser Floor Trader-Regel auf lange Sicht Geld verdienen, können selbst 16

Tick-Stops in starkem, aber trendlosem Trading „abgeräumt" werden. Zusätzlich kann der Bond-Markt nach einem Bericht über den 16 Tick-Stop hinausgehen und Sie werden weit weg von Ihrer Stoporder ausgeführt, was mögliche Gewinne auffrißt. Nach Grants Meinung ist die beste Anwendung dieses Floor Trader-Systems, auf eine Gewinnposition aufzubauen, die Sie schon vor dem Bericht eingegangen sind. Es gibt einen Indikator, der Ihnen helfen kann, die Richtung des Bond-Berichts vorwegzunehmen, ohne daß Sie einen Experten mit einem Doktortitel in Wirtschaftswissenschaft kennen: Der Platin / Gold Spread Bond-Indikator.

Die Preise aller Commodities haben spekulative und nachfragebedingte Komponenten. Kupfer könnte wegen früher Nachfrage der Industrie steigen; oder es könnte auch wegen wachsender Spekulation von Commodity-Fonds steigen oder als aktuelles spekulatives Steckenpferd der Masse und/oder wegen einer Art Kaufpanik, die die Kupferverbraucher am Ende eines langen Preisanstiegs haben. Wenn Kupfer wegen langfristiger, anhaltender industrieller Nachfrage steigt, zeigt sich das in den Wirtschaftsdaten des kommenden Monats und drückt auf die Bonds. Wenn aber Kupfer aus reiner Spekulation steigt, dann ist jetzt die Zeit, Bonds, die wegen „inflationären" Kupferpreisen unter Druck sind, zu kaufen und sie zu verkaufen, wenn die industriellen Daten des kommenden Monats eine schwache Nachfrage zeigen, die bei den Bondkursen zu einer Rallye führen.

An Platin besteht ein viel größerer industrieller Bedarf als an Gold. In den Zeiten des freien Goldpreises ist ein großer Diskont im Platin/Gold Spread (wie 1982) ein Zeichen einer schweren Rezession, der normalerweise eine große Bond-Rallye folgt. Eine hohe Prämie (prozentual gesehen) von Platin gegenüber Gold (wie 1986, 87) ist ein Zeichen großer industrieller Nachfrage und wird normalerweise von einem Tief in den Bondkursen gefolgt (wie im Oktober 1987).

Es ist zwar wahr, daß es für Platin „Investment-Moden" gibt, die seinen Preis gegenüber Gold künstlich nach oben treiben können, doch ist dies weit weniger wahrscheinlich, als die „kaufe jedes Metall, das Du siehst" - Manie, die regelmäßig die Commodity-Fonds und die Masse trifft. Normalerweise zeigt sich ein starker Anstieg in Platin gegenüber Gold nach ein paar Monaten in starken Wirtschaftsdaten, die den Bonds schaden und umgekehrt. Hier sind einige Beispiele der letzten Jahre:

Platin/Gold Spitze	Bond Preis Tief	Platin/Gold Tief	Bond Preis Spitze
Mai 1991	Ende Juni 1991	Ende August 1991	Oktober 1991
Anfang Oktober 1991	Ende Oktober 1991	Dezember 1991	Januar 1992
März 1992	April 1992	Ende April 1992	Mai 1992
Anfang Juni 1992	Ende Juni 1992	August 1992	Ende September 1992
Ende Oktober 1992	November 1992	November 1992	Dezember 1992
Dezember 1992	Januar 1993	Anfang März 1993	Mitte März 1993
April 1993	Mai 1993	Ende Juni 1993	Anfang September 1993
Ende August 1993	November 1993	Ende November 1993	Januar 1994
Ende März 1994	Mai 1994	Ende Mai 1994	Juni 1994
August 1994	November 1994	Dezember 1994	April 1995
Anfang Mai 1995	Juni 1995	Ende Juni 1995	Mitte August 1995
Herbst 1995 ?	Winter 1995 ?		

Manchmal folgt einer Umkehr im Platin/Gold Spread innerhalb weniger Wochen eine Gegenreaktion in den Bonds. Manchmal dauert es mehrere Monate, bis sich das Signal zeigt. Wie jedes andere Trading-Hilfsmittel, muß es zusammen mit anderen Indikatoren verwendet werden und nicht als unfehlbares „Heiliger Gral"-System. Aber Grant fand, daß er ein weitaus besserer, langfristiger Indikator des kommenden Trends in den Bondpreisen ist, als die öffentlichen Ankündigungen der „Experten".

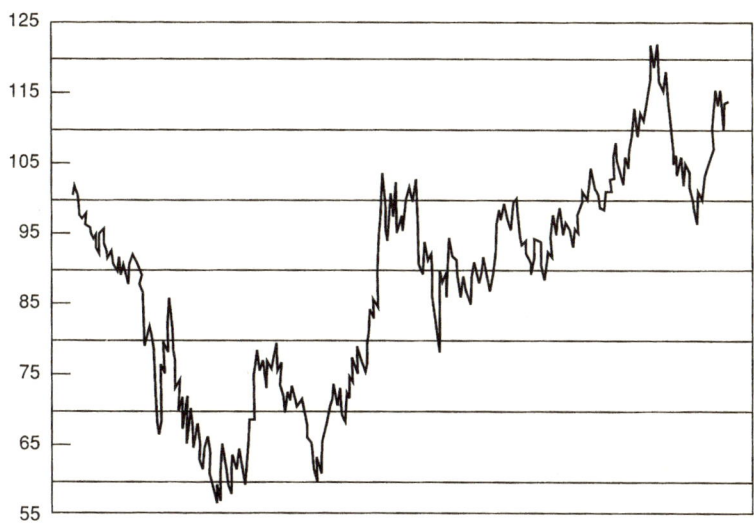

U.S. Bonds, Wochenschlußkurse des Futures, 04.11.77 bis 09.08.95

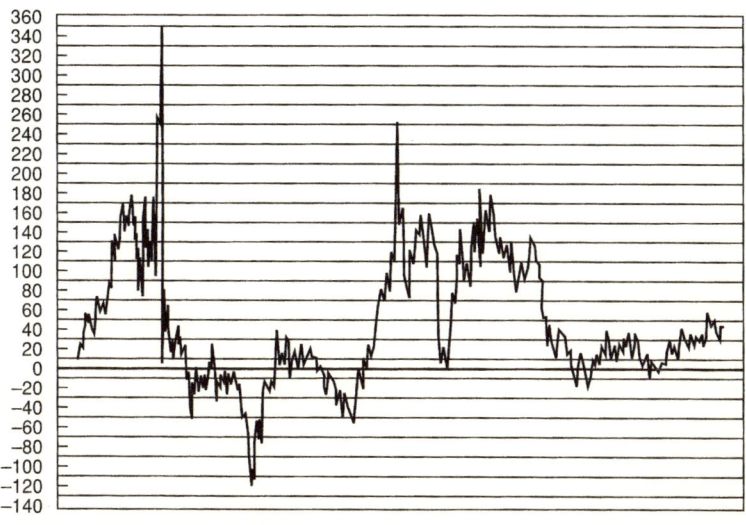

Platin/Gold Spread, Wochenschlußkurse, naher U.S. Futures Kontrakt, 04.11.77 bis 08.09.95

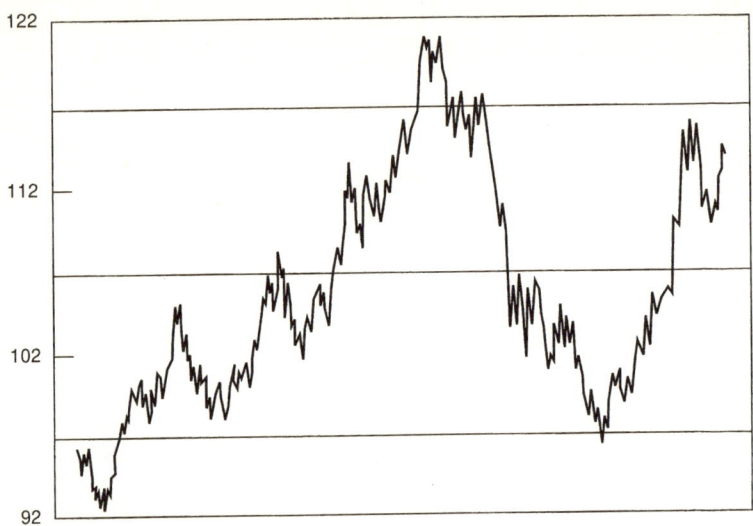
U.S. Bond Futures, Tagesschlußkurse, 06.05.91 bis 08.09.95

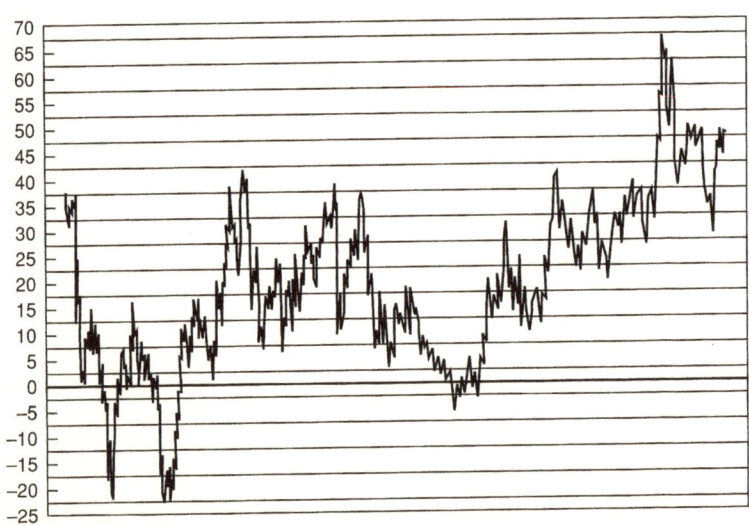
Platin/Gold Spread, Okt./Okt. & Apr./Apr. U.S. Futures, Tagesschlußkurse, 06.05.91 bis 08.09.95

SPREAD 27
Sehr bekannte Spread-Charts

Das folgende sind „komprimierte", sehr bekannte Spread-Charts, die fast 20 Jahre an Daten abdecken.

Der Tip ist, während der Monate zu kaufen, wenn der Spread am unteren Ende des Charts ist. Zu vermeiden ist, einer saisonalen Falle blind zu folgen, ohne zu prüfen, wie sich der Chart gegenüber der 20-jährigen Historie verhält.

Phil Tiger ist ein bekannter Experte für Spread Historie. Er arbeitet bei Smith Barney.

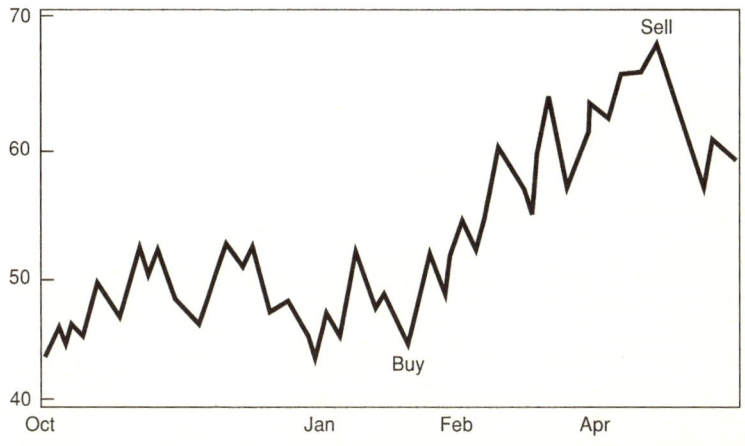

Mai CBOT Mais minus Mai CBOT Weizen
Analyse von 1973 bis 1994

Rufen Sie die Chicago Board of Trade an, unter 312-435-3500 und fragen Sie nach dem konstenlosen Büchlein über diesen Spread (sagen Sie, Neal schickt Sie).

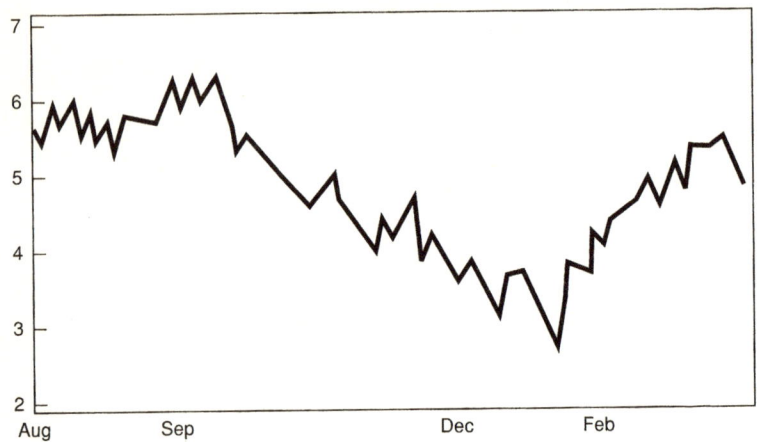

Achten Sie auf eine Bodenbildung zum neuen Jahr.

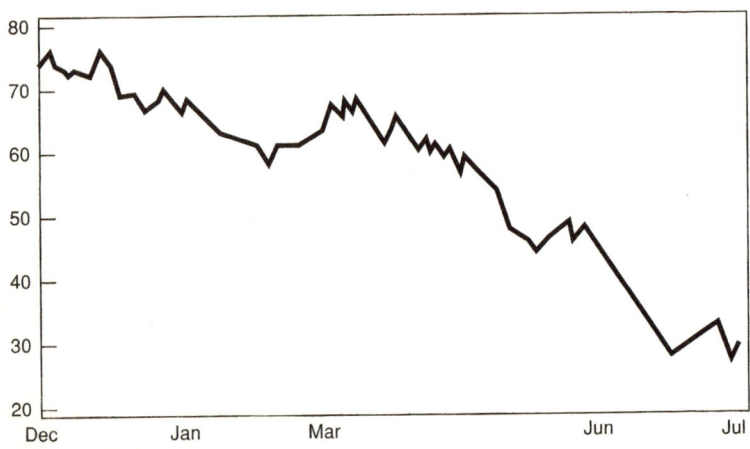

Sehr volatiler Spread. Warten Sie nicht lange bis nach April.

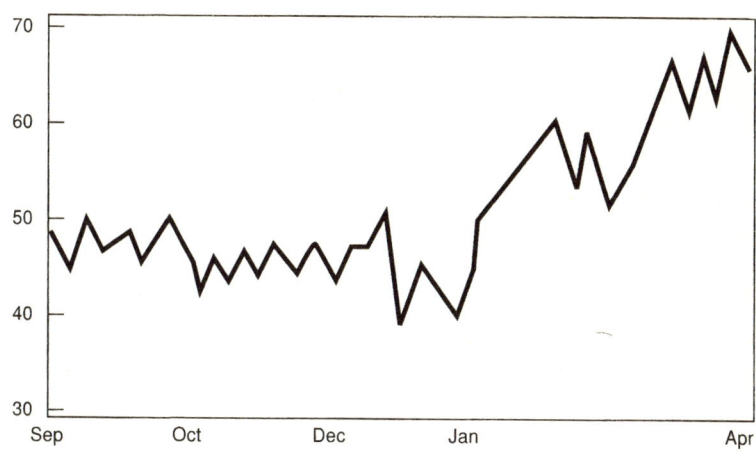

Traden Sie diesen Spread mit engen Stops.

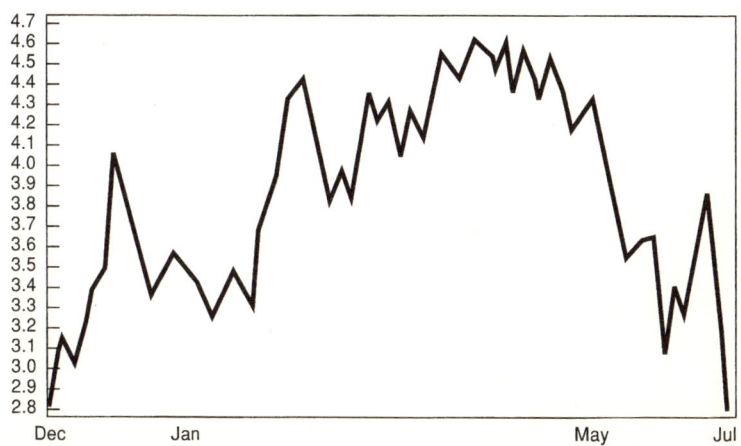

Dieser Spread sollte von denjenigen getradet werden, die ein umfangreiches fundamentales Wissen haben.

Juni Lebend-Rinder minus Oktober Lebend-Rinder
Analyse von 1973 bis 1994

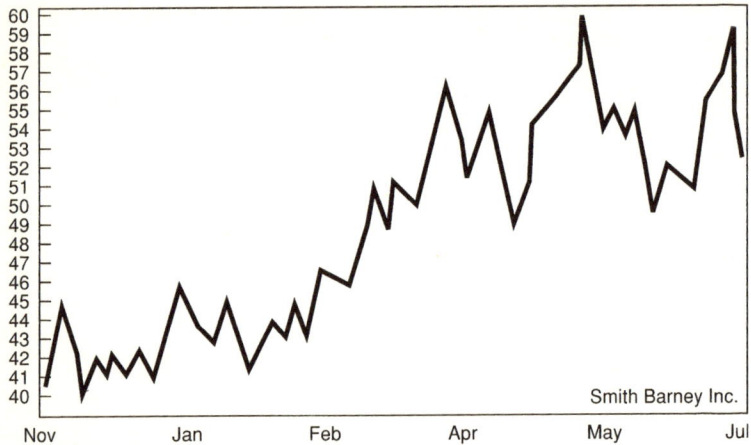

Ein alter Favorit. Aber ich verlor Geld damit. Verdoppeln Sie niemals die Position bei diesem Spread. 100 Punkte an „Rindfleisch" sind reichlich.

Juni Treasury Bills minus Juni Eurodollar
Analyse von 1973 bis 1994

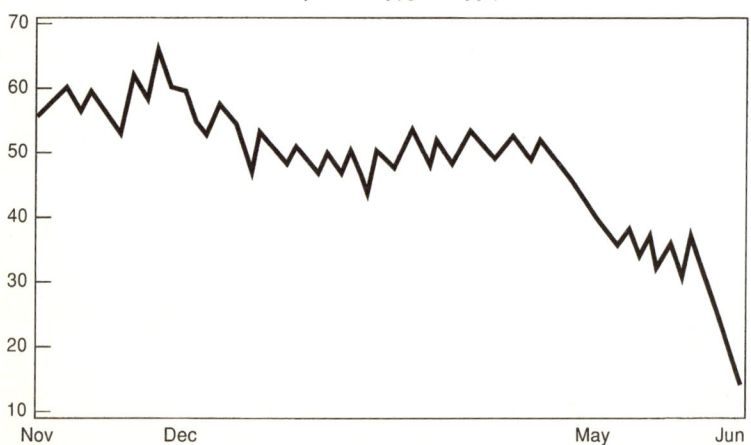

Verwenden Sie einen gleitenden 23 Tage Durchschnitt, bevor Sie zu Traden beginnen.

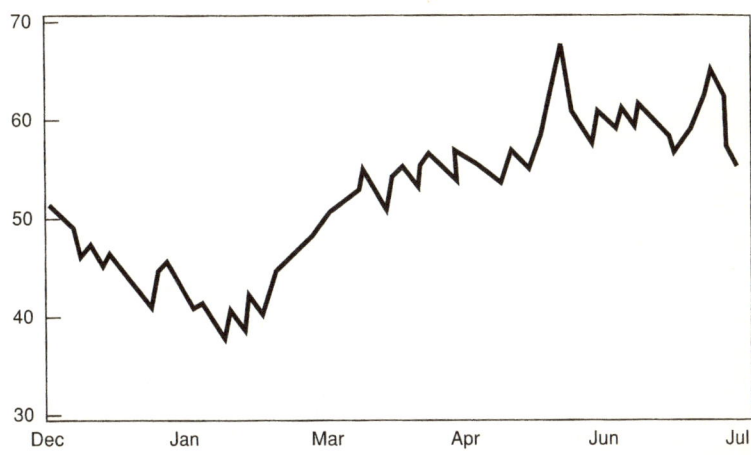

Juli CBOT Mais minus Juli CBOT Weizen
Analyse von 1973 bis 1994

Dieser Spread ist wetterabhängig, aber wenn er drei Tage gegen Sie läuft ... und tschüß!

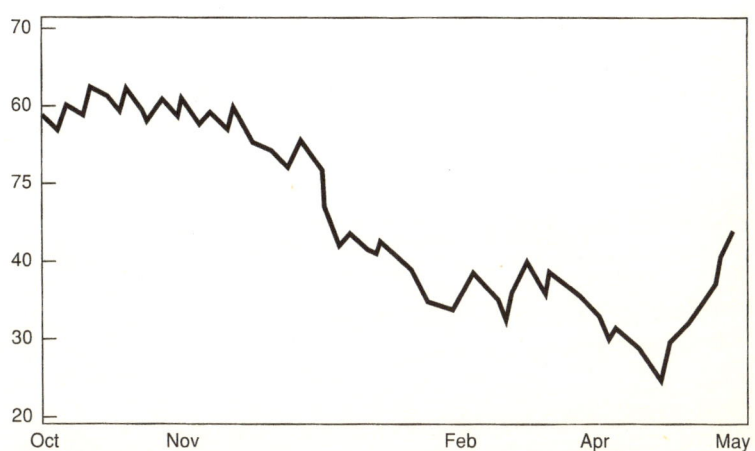

Mai CBOT Weizen minus Juli CBOT Weizen
Analyse von 1973 bis 1994

Dieser Spread hat eine Tendenz zum Trend. Achten Sie auf extreme Kursbewegungen.

TEIL 5
Geschichten von der Front

Diese „Geschichten von der Front" sind Anekdoten über die Börsen und ihre Trader. Die manchmal unterhaltsamen und anschaulichen Geschichten sind dafür gedacht, Ihnen einen weiteren Einblick in die Gedanken der professionellen Floor-Trader zu geben.

Der Autor Frank Norris beschrieb in The Pit: *A Story of Chicago* (New York: Penguin Books, 1994) die Eröffnung im Weizen-Pit in den frühen Neunzehnhundertern. Er schrieb:

> Sofort entfesselte sich Tumult. Arme wurden mit emsigen Gesten nach oben gestreckt und über den Köpfen der Menge im Weizen-Pit streckten sich eine Vielzahl von Händen, eifrig, alle zehn Finger gespreizt, hoch in die Luft. Jegliche Verständigung ging verloren in einer Explosion von Geräuschen, als die Trader auf den Mittelpunkt des Pits zuströmten, wobei sie sich aneinander festhielten, miteinander kämpften, sich überrannten und niedertrampelten und sich mit aller Macht durchkämpften.

In all diesen Jahren hat sich nicht viel verändert. Wie ist es für mich, wenn ich in den Pit gehe? Nun, in den letzten paar Monaten kam ich nach der Eröffnung und es begann für gewöhnlich so:

> „Hey, Bug Man ist da. Endlich ist er aus dem Bett gekommen."

„Ein Halb geboten, willst Du traden, oder was?", sagt ein Trader, „Hast Du mich gehört, ein Halb geboten?"

„Hey Neal, sind wir über den Pivots? Ich habe alles, was Du brauchst für drei Viertel."

„Hey Sam, frag Neal, ob er Deine Gucci-Schuhe mag."

„Schöne Schuhe, Sam", sage ich.

„Die sind nicht echt, Mann, die sind aus Plastik. Ich kaufte sie bei Payless."

„Nun, wenn es regnet, hast Du Glück.", antworte ich.

„Regen, sagte jemand Regen?", kommt eine dröhnende Stimme aus dem Hintergrund des Pits.

„Was für Regen?", frage ich.

„Du sagtest Regen, und wenn es nicht regnet, melde ich Dich an die Aufsicht, weil Du ein Gerücht verbreitest.", sagt ein anderer Pit Scalper.

„Hey Mann, vielleicht verwechselst Du Hirn mit Regen", bemerke ich frustriert.

Aus Sekunden werden Minuten und aus der Neckerei wird Chaos, als ein neuer Preisbereich erreicht wird. Dieselben Jungs, die mit mir gescherzt haben, sind jetzt bereit, mir das Geld aus der Tasche zu ziehen. In einem Moment des Ärgerns sage ich zu dem Broker: „Ich schwöre, daß diese Trader ihrer Mutter für einen Tick die Kehle durchschneiden würden."

„Was meinst Du mit würden ihrer Mutter die Kehle durchschneiden?", sagt der Broker.

Die meisten dieser Jungs haben es bereits getan.

Tradern wird immer erzählt, daß es ein Licht am Ende des Trading-Tunnels gäbe. Nachdem er drei Jahre im Währungspit gescalpt hatte, hing ein Floor-Trader ein Schild an seine Clearing-Firma, auf dem stand: „Wegen der wirtschaftlichen Lage wurde das Licht am Ende des Tunnels ausgeschaltet."

F.U.D., ein Währungs Broker, erinnert mich immer an die Zeit, zu der die komplette Drei-Monats-Spanne des Britischen Pfund-Futures innerhalb von sieben Minuten gehandelt wurde. „Kundenorder wurden bei einigen Stops über tausend Punkte später ausgeführt."

„Mein Gott", sagte ich. „Die Kunden müssen verärgert gewesen sein."

„Nein", erwiderte er. „Die Kunden verstanden es. Tatsächlich waren es die Locals, die dachten, sie hätten mehr herausschlagen sollen."

Es ist nicht ungewöhnlich zu beobachten, wie ein Trader an einem Tag eine Million Dollar verliert und eventuell wieder zurückbekommt. Natürlich ist es eine andere Geschichte, eine neue Clearing Firma zu finden, über die man abwickeln kann.

„Woran erkennt man, daß ein Broker lügt?"
„Seine Lippen bewegen sich."

Eine großartige Sache beim Traden ist, daß Dir keiner einen Dolch in den Rücken stößt. Sie stoßen ihn dir in die Brust.

Trading ist so ähnlich, als ob man in seinem Gehirn eine Kegelbahn baut und anschließend gutes Geld ausgibt, um lauter Nieten zu werfen.

Barry und Ben waren Trading-Partner. Barry wußte immer, wann man kaufen mußte und Ben wußte immer, wann der perfekte Zeitpunkt zum Verkauf war. Während des Aktiencrashs 1987 nahm sich Ben einen freien Tag. Tatsächlich nahm er sich die nächsten zwei Jahre frei.

In dem vornehmen East Bank Club trainieren viele Trader am Ende des Tages. Man kann immer die Neureichen erkennen. Frag sie, wieviel Uhr es ist und sie sagen: „Auf meiner Rolex ist es 16.00 Uhr." Frag sie, wo sie ihr Auto geparkt haben und sie sagen: „Mein Porsche steht in der Garage." Frag sie nach ihrem Training und sie sagen: „Mein persönlicher Trainer sagt, ich bin nicht fett, ich bin nur zu klein für mein Gewicht."

Und wer kann den Trader vergessen, der seine Hilfskraft anwies, sich zu verkleiden und dem Broker Aufträge zu erteilen. Der Grund: Wenn der Auftrag ein Gewinner war, dann beanspruchte er den Trade für sich. Und wenn der Trade ein Verlierer war, wurde die Hilfskraft nie gefunden. Ja, beide wurden gefaßt und verurteilt.

Stellen Sie sich vor, Sie kommen an einen Arbeitsplatz und sehen Leute Sonnenblumenkerne essen, Kaugummi kauen, Papierflugzeuge werfen und herumalbern. Klingt das wie ein typisches Chicagoer Gymnasium? Es ist nur der typische Pit an einem ruhigen Tag um 10.30 Uhr.

Und wenn es eine Krankheit gäbe, die über die Luft übertragen würde, könnten Sie darauf wetten, daß Ihre nächste Grippe von Pit zu Pit reist.

Sie ging zum Trading-Floor und sie war schön in Körper, Kopf und Geist. Das Trading stoppte, wenn sie an jedem Pit der Börse vorbeikam. Aber wenn sie vorbeiging, schauten die Trader in die andere Richtung und hüteten sich vor Augenkontakt.

Wer war diese Frau, die die Männer innerhalb einer Sekunde so anzog und sie in der nächsten abstieß. Als ich sie endlich einholte, bemerkte sie mich. Ich fand ihre Attraktivität überwältigend - das heißt, bis ich das Schild an ihrer Tasche las. Dort stand in großen fetten Buchstaben C.F.T.C. Mir ist egal, wie schön du bist, die C.F.T.C. (Commodity Futures Trading Commission) ist für den Trader das, was Krypton für Superman ist.

Viele der Trader, die an meinem Computertraining für Trader teilnehmen, hatten Grundlagenkurse im Trading besucht und waren in „Vom Bettler zum Millionär"-Kursen, wie z.B. den Seminaren von Ken Roberts und Joe Ross, gelaufen. Einmal fragte ein Schüler, ob er an meinem Kurs teilnehmen sollte. Ich sagte ihm, daß er ein Grundwissen über Windows haben müßte. Er rief zurück und sagte, daß ich ihn beleidigt habe.

„Sogar ein fünfjähriges Kind hat von Fenstern eine Ahnung," stellte er fest.

„Ich meinte das Software-Programm."

Er antwortete: „Wenn Software so wichtig wäre, hätten mich meine anderen Lehrer damit ausgerüstet."

Ein Trader sagte, er hat zu Ceres, der Göttin des Getreides, gebetet und in ihrem Restaurant in der CBOT gegessen und hofft nun auf viel Glück. Er hat an 63 aufeinanderfolgenden Wochen Geld verloren. Seine Frau hat ihn verlassen und seine Clearing-Firma ist nahe dran, ihm den Börsensitz wegzunehmen.

„Warum ich?" rief er. „Warum ich?"

Eine Stimme eines weiblichen Traders dröhnte über seinem Kopf: „Frauen, besonders wenn es Göttinnen sind, hassen Heulsusen."

Es gibt eine alte Redensart: „Ein Trader wird noch vor dem Paket an Ordertickets, das er in der Hand hält, den Boden des Pit berühren." Das bedeutet nur, daß die Tickets der verschiedenen Trading-Häuser so beliebt sind, daß die Locals einen Trader auf den Boden fallen lassenwürden, um zu versuchen, das Paket an Ordertickets zu ergattern. Sind wir unsensibel, oder was?

Dann gab es da die Zeit, zu der ein Floor-Broker 150 Gold-Kontrakte kaufen sollte und er bestätigte sogar die Tatsache, daß das Gold gekauft wurde. Als sich der Kunde beschwerte, war der Broker verwundert.

„Was ist das Problem?" fragte der Broker.

„Ich sagte 150, nicht 15."

Und auch auf dem Order-Ticket stand tatsächlich 150. Aber wie konnte dem Broker das passieren? Einfach. Die Hilfskraft schrieb den Auftrag so klein, daß der Daumen des Brokers die Null der 150 verdeckte und er deshalb 15 las.

Und die Quintessenz: Der Broker zahlt noch bis zum heutigen Tag an den Kunden.

Der Trader kam aus der Herrentoilette gestürzt und rief: „Die Kabinen in der Herrentoilette kosten Geld." Wir hatten keine Ahnung, was er meinte, bevor er seinen Satz beendete.

„Ich ging für fünf Minuten zur Toilette und meine Position lief $ 3.500 gegen mich."

Trader Tim Henry erzählte mir von dem letzten Trade, den er gemacht hat. Sein Berater riet ihm per Buy Stop über den Bollinger-Bändern zu kaufen und mit einem Stop unter den Bollinger-Bändern zu verkaufen. Tim handelte den S&P. Der Markt traf zuerst seinen Kaufstop und fiel dann nach unten und erwischte den Verkaufstop. Autsch! Tja, soviel zu Mr. Bollinger.

Don Small, ein ehemaliger Sojabohnenmehl-Broker und zur Zeit Trader bei Ernteversicherungen, erzählte mir von dem ehemaligen Chicagoer Polizisten im Pit, der immer noch eine Faustfeuerwaffe unter seinem Jacket trägt. Beim ersten Mal war ich nicht sicher, beim zweiten Mal gab es keinen Zweifel mehr. Glauben Sie, daß sich Don jemals mit dem Typen gestritten hat? Übrigens sind am Floor keine Waffen erlaubt.

Ein Universitätsprofessor fragte mich einmal nach den Namen von Tradern, die für einige soziale Experimente über Spannung und Stress in Frage kämen.

„Ich dachte, ihr Jungs verwendet Ratten für diese Art Experiment."

„Tun wir auch," antwortete er, „aber nach einer Weile beginnt man diese Nagetiere zu mögen."

Das könnte ihm mit den Pit-Tradern, die ich kenne, nicht passieren.

Der Grund, warum Trader Brillen tragen, ist, um scharfe Schläge auf die Augen und herumfliegende Papierkugeln zu vermeiden

Dann gab es noch den Trader, der beweisen mußte, daß Chicagoer Pizza besser ist als New Yorker und deshalb seiner Hilfskraft ein Erste-Klasse-Ticket gab und ihm sagte, er solle im nächsten Flug zum Big Apple sein. Die kompletten Kosten für die Pizza beliefen sich auf $ 859,98. Aber der Vergleich wurde abgebrochen, als die Hilfskraft mit einer dünnteigigen Pizza zurückkam. Wie konnte er nur solch einen Fehler machen? Chicago ist für seinen dicken Pizzas bekannt. Ja, die Hilfskraft verlor ihren Job.

Trader, die Qualitätszigarren rauchen, findet man bei Jack Schwartz im Insurance Exchange Building oder bei Rubovitz in der Lobby der Chicago Board of Trade. Dort finden Sie auch für gewöhnlich diejenigen, die mit hohen Summen spekulieren. Bei einer Dunhill Zigarre belauscht:

„Der Aktienmarkt hat nichts mit dem Präsidenten zu tun," sagte der S&P Local.

„Die Leute sagten das nicht, als Reagan Präsident war. Sie nannten das gewöhnlich Reaganomics," erwiderte der Eurodollar-Trader.

„Vielleicht möchtest du auch, daß dein demokratisches Hinterteil getreten wird, " sagte der Local.

„Versuch es doch," sagte der Trader.

Da zog der Broker das Hinterteil der Zigarre aus dem Mund des Traders und trat es quer durch den Raum. Lachend fielen beide in den Humidor.

In vielen Sportarten wird man von anderen Profis eingestuft. Oft stufen sich Trader gegenseitig ein, wenn sie im Pit sind. Es gibt zwar keine richtige Einstufung, aber der folgende kleine Führer zeigt, wie sich Trader manchmal gegenseitig in den Trading-Schützengräben beschreiben. Ich habe mein Bestes getan, ihre Meinung wiederzugeben. Wo würden Sie sich einstufen?

Einstufung

0.0 Unrealistische Träume und Erwartungen.

Für gewöhnlich ein Opfer von Commodity-Seminaren. Oder ein Anhänger irgendeines Gurus (z.b. Ken Roberts - Sie werden lernen zu traden, oder „Traden Sie mit unserem Geld"). Oder Käufer eines Systems mit simulierter Gewinnaufstellung. Oder jemand, der den Empfehlungen des Brokers ohne Frage blind folgt. Versager, wegen zu geringem Trading-Kapital. Jemand, der an den Broker Handelsvollmacht gibt, ohne die Risiken zu verstehen.

1.0 Der Trader hat gerade angfangen zu traden. Er sollte noch üben.

Trader versucht, gerade noch im Spiel zu bleiben und verdient kein Geld. Glaubt „Daytrading" bedeutet, jeden Tag zu traden. Falsch!

1.5 Der Trader hat eine begrenzte Erfahrung und versucht immer noch, Kunden zu gewinnen.

Verbringt Zeit damit, Bücher zu lesen, nicht mit Trading. Entscheident ist, daß ein Trader tradet und nicht nach dem Gral sucht. Trader hat immer noch Schwierigkeiten zu wissen, was ein guter Trade ist. Versteht das Risiko-Management oder hat zumindest Grundkenntnisse, wie man „im Spiel" bleibt. Verwendet zu viele technische Indikatoren. Sollte einem sehr erfahrenen Trader zur Schulung zugeteilt werden. Trader wird weniger emotional und mehr rational gegenüber seinen Trades. Verliert immer noch die Geduld oder läßt sich leicht von anderen Tradern verwirren. Läßt Möglichkeiten erkennen.

2.0 Der Trader fühlt sich im Pit wohl, braucht aber mehr Erfahrung.

Wenig Out-Trades*. Kennt die Leute im Pit. Muß sich noch auf die Auftragsabwicklung konzentrieren. Vergißt, wann Berichte herauskommen und wird immer noch erwischt, wenn er nicht aufpaßt. Weniger emotional.

2.5 Zuverlässiger Trader.

Lernt zu beurteilen, wohin der Markt geht. Wird immer noch unversehens von plötzlichen Marktbewegungen erwischt.

3.0 Annehmbarer Trader, weiß aber nicht, wann er zukaufen oder Positionen reduzieren muß.

Geht immer wieder mal hohe Risiken ein.

4.0 Zuverlässigerer Trader.

Weiß Bescheid über Spreads, Optionen und wann man sie anwenden soll. Weiß, wenn Berichte herauskommen. Beobachtet ebenfalls die entfernteren Handelsmonate.

4.5 Trader entwickelt gute Einschätzung der Markterwartung.

Wartet nicht darauf, daß sich der Markt bewegt, sondern bewegt sich mit ihm.

4.6 Trader hat begonnen die Mechanismen der Märkte zu meistern.

Kennt die Unterschiede zwischen dem Handel am und außerhalb des Floors. Floor-Broker rechnen bei ihm mit angemessenen Stückzahlen.

4.7 Wird im Pit respektiert.

Trader kann jede Art Trade erfolgreich ausführen und wendet Money Management- Fertigkeiten an. Ist bei anderen Firmen gefragt. Hat kein Problem, die andere Seite eines Trades einzunehmen. Wird zur Teilnahme an Börsenausschüssen gebeten.

4.8 Zeit der Parade.

Trader wird gebeten, Geld zu verwalten und wird Commodity Trading Advisor.

Unverschämtes Wörterbuch der Floor-Trader

Dieses Wörterbuch ist inoffiziell und spiegelt mehr das Verhalten der Floor-Trader als die Wirklichkeit wider.

Arbitrage Der gleichzeitige Kauf und Verkauf von identischen oder ähnlichen Finanzinstrumenten oder Commodity-Futures, um von einer Unstimmigkeit in ihrem Preisverhältnis zu profitieren. Nicht für die Anwendung der Masse geeignet.

Ask, Offer Briefkurs. Zeigt die Bereitschaft, einen Futures-Kontrakt zu einem bestimmten Preis zu verkaufen. Der Floor tut das leichter als die Masse.

Auktionsmarkt Phrase, die verwendet wird, um eine Marktbewegung zu erklären. Nicht handelbar. Großartiger Seminar-Gimmick.

Bär, Bear Jemand, der glaubt, daß die Kurse fallen werden und danach handelt, oder wünscht, er hätte es getan.

Bärenmarkt Ein Markt, bei dem die Kurse fallen, für gewöhnlich zwei Wochen oder Jahre lang.

bärisch, bearish Wenn jemand glaubt, daß die Kurse fallen werden.

Bid Geldkurs. Der Preis, den die Teilnehmer bereit sind, zu zahlen. Aber die Masse muß den Briefkurs zahlen. Sorry, Leute.

Booze Billige Getränke. Für gewöhnlich von den Hilfskräften am Freitag konsumiert. Für gewöhnlich kombiniert mit kostenlosen Snacks oder billigem Bier.

Break Even Der Kurs, ab dem man (alle Gebühren eingerechnet) Plus-Minus-Null ist.

Breakout System Handelssystem, das auf Kursausbrüchen aus einem Trendkanal basiert.

Bulle, Bull Jemand, der erwartet, daß die Kurse steigen. Für gewöhnlich ein Optimist.

Bullenmarkt Ein Markt, bei dem die Kurse steigen; benötigt einen Monat für eine Bestätigung.

bullisch, bullish Wenn jemand glaubt, daß die Kurse steigen werden.

Call Eine Option, um eine Commodity, Aktien oder einen Futures-Kontrakt zu einem festgelegten Preis jederzeit zwischen jetzt und dem Verfalltag der Option zu kaufen. Am besten kauft man bei niedriger Volatilität.

Camp Ein Platz, zu dem man im Sommer die Kinder schickt, kein Trading.

Chart Service Kombiniert mit einer Telefon-Hotline, bedeutet meistens ein Desaster für die Masse.

CFTC Die Commodity Futures Trading Commission, gegründet nach dem Commodity Futures Trading Commission-Gesetz von 1974. Diese Regierungsbehörde reguliert zur Zeit die Futures-Industrie der Nation. Staatliche Einschränkungen schmerzen das Volk.

Commission (oder Round Turn Gebühren) Die einmalige Gebühr, die ein Broker einem Kunden berechnet, wenn er einen Futures oder eine Option auf einen Futures liquidiert. Es gibt keine

Beziehung zwischen der berechneten Commission und dem Service, den Sie bei mehr als $ 50,00 bekommen.

Commodity Rohstoff, Ware, siehe auch Futures.

Daytrading Bezieht sich darauf, daß dieselbe(n) Position(en) innerhalb einer Trading-Sitzung ge- und verkauft werden und der Tag ohne offene Position beendet wird. Unmöglich ohne niedrige Commission und Zugriff auf den Floor. Real-Time-Kurse werden ebenfalls benötigt.

Dream Team Die selben alten Seminarschwindler, die sich zu einer Gruppe zusammengetan haben.

Elliott Wave Einige großartige Ideen. Langfristige Sicht wird dafür benötigt.

Entfernter Monat (hinterer, späterer Monat) Der Futures oder die Option auf Futures, die am weitesten weg vom Verfallzeitpunkt gehandelt werden. Sie können nicht sehr liquide sein, seien Sie deshalb vorsichtig.

Eröffnungspreis (oder -spanne) Die Preisspanne, in der die ersten Bids und Offers gemacht werden oder die ersten Transaktionen ausgeführt werden. Das Tageshoch oder -tief wird für gewöhnlich bei der Eröffnung gemacht.

Fast Market Sehr schnelle Kursbewegung, meist aufgrund neuer Berichte.

FED Federal Reserve Bank (die amerikanische Notenbank)

Federal Funds Täglich fällige Forderungen gegenüber der FED.

Floor Das (Börsen-) Parkett.

Floor-Broker Ein Mitglied der Börse, dem eine Gebühr für die Orderausführung der Clearingstelle ihrer Kunden gezahlt wird. Ein ziemlicher guter Deal für den Trader.

Floor Trader, Local Ein Mitglied der Börse, der für gewöhnlich nur für sich selbst oder für ein Konto, das er verwaltet, tradet. Sie sind schnell und wütend und ändern schneller ihre Meinung, als sie „überkauft" sagen können.

Futures (Waren-)Terminkontrakt

Good 'Til Canceled, G.T.C siehe Open Order.

Guru Eine neue Brut von Leuten, die behaupten, gute Marktvorhersagen zu treffen, aber keinen monatlichen Kontoauszug vorweisen können.

Hedge Der Kauf oder Verkauf eines Futures-Kontraktes, als vorübergehende Absicherung einer späteren Transaktion im Kassmarkt. Für gewöhnlich beinhaltet er zur gleichen Zeit gegensätzliche Positionen im Kassa- und im Futuresmarkt. Der Grund, warum die Märkte existieren.

Kassamarkt Die eigentliche, physische Ware, im Unterschied zum Futures-Kontrakt. Preise sind der Masse nicht leicht zugänglich.

Kauf zur Eröffnung, Market On Open, M.O.O. Der Kauf zu Beginn der Trading-Sitzung zu einem Preis innerhalb der Eröffnungs-Spanne. Die Masse bekommt einen schlechten Kurs. Der falsche Zeitpunkt, um in den Markt einzusteigen.

Kauf zum Schlußkurs, Market On Close, M.O.C. Zu Schluß des Handelstages innerhalb der Schlußspanne zu kaufen. Gehen Sie von einem „fürchterlichen" Preis aus.

Klagen Gerichtsverfahren oder Urteile gegen eine Person. Fragen Sie, wenn Sie es nicht wissen.

Kontraktmonat Der Monat, in dem Futures-Kontrakte angedient werden müssen oder geliefert werden können. Für gewöhnlich der schechteste Platz, an dem Sie sein können, wenn Sie zur Masse zählen.

Limit Down So tief, wie ein Kontrakt am Tag fallen kann.

Limit Order Eine Kundenorder zu einem festgesetzten Preis; die Order kann nur ausgeführt werden, wenn der Markt diesen oder einen besseren Preis erreicht. Wird selten von der Masse, jedoch von den gewitzteren Tradern verwendet.

Limit Up So hoch, wie ein Kontrakt an einem Tag steigen kann. Ebenfalls ein Restaurant in der CME.

Liquidation Jede Transaktion, die eine Long- oder Short-Position schließt. Für gewöhnlich bedeutet das für die meisten Trader, einen Verlust mitzunehmen.

Local siehe Floor Trader.

Long „Long" sein bedeutet, eine Kaufposition zu haben.

Margin Call Eine Forderung für zusätzliches Kapital wegen gegen Sie laufenden Position. Ein „Weckruf", um die Position glattzustellen.

Market If Touched, M.I.T. Eine Limit-Order, die automatisch Market-Order wird, wenn der angegebene Preis erreicht wird. Wird nicht an allen Börsen akzeptiert.

Market Maker Mitglied der Börse, das verpflichtet ist, Bid und Ask zu stellen.

Market On Close siehe Kauf zum Schlußkurs.

Market On Open siehe Kauf zur Eröffnung.

Market-Order Eine Order zur sofortigen Ausführung, die einen Broker anweist, zum bestmöglichen Preis zu kaufen oder verkaufen. Der beste Preis ist jedoch, was der Pit Ihnen geben will.

Maximale Preisbewegung Die Summe, um die sich ein Kontrakt während eines Handelstages nach oben oder unten bewegen kann.

Minimale Preisbewegung Kleinste mögliche Preisbewegung eines Kontraktes, oft auch als „Tick" bezeichnet. Solche Ticks folgen schnell hintereinander.

Naher Monat, Spotmonat, Frontmonat Der nächste aktive Handelsmonat eines Futures oder einer Option auf Futures.

Night Desk Dort können Order zu Zeiten, an denen der amerikanische Markt geschlossen ist, aufgegeben werden.

Offenes Interesse Gesamtzahl an Futures oder Optionen auf Futures, die noch nicht liquidiert oder angedient wurden. Großartige Möglichkeit, den Wert eines Kontraktes zu bestimmen.

Open Order (Bis auf Widerruf) Eine Order an einen Broker, die gültig ist, bis sie ausgeführt oder storniert wird. Wird oft vom Trader vergessen.

Order Kauf- oder Verkaufauftrag.

Out-Trades Wenn Unstimmigkeiten oder Fehler bei einem Trade auftauchen. Das ist ein „Alptraum" für Locals.

Pit Der Bereich am Floor, in dem die Trader während des Tradings stehen. Meist hat der Pit die Form eines Oktagons.

Position Ein Interesse am Markt, entweder Long oder Short, in Form eines offenen Kontraktes. Siehe auch offenes Interesse.

Prämie Es gibt zwei Definitionen. (1) Wenn der Preis eines Kontraktes über dem eines anderen oder des Kassamarktes liegt. (2) Der Dollarbetrag, der zwischen Käufer und Verkaufer einer Futuresoption für den Kauf oder Verkauf vereinbart wird - der Käufer zahlt die Prämie und der Verkäufer (Stillhalter) erhält sie.
1. Wird bei Spreads angewendet.
2. Wird bei Optionen angewendet.

Radio Boys Leute, die anrufen und große Gewinne mit Optionen versprechen. Man findet Sie auf AM Radio.

Rallye Eine Aufwärtsbewegung, die einem starken Kursverfall folgt.

Reaktion Ein Kursverfall, der einem stetigen Preisanstieg folgt. Das Gegenteil einer Rallye. Auch, was geschieht, wenn Sie verlieren.

Research Der am meisten mißverstandene Aspekt beim Trading. Viele Firmen machen keine Marktuntersuchungen mehr, sondern schreiben sie um oder kaufen sie. Machen Sie ihre eigenen Untersuchungen.

Round Turn siehe Commission.

Rythmus des Marktes Eins, zwei Cha-Cha-Cha. Schuld war nur der Bossa Nova. Let's Twist Again. Trader können ihr ganzes Leben versuchen, ihn herauszufinden. Tanzen Sie.

Saisonale Bewegungen Eine Art des Tradings, zum Teil auch als „sicheres" Trading bezeichnet. Am besten bei Optionen, die im

Geld sind, anzuwenden; bleiben Sie Futures damit fern.

Scalper Local, der auf eigene Rechnung arbeitet und nur Positionen für wenige Ticks eingeht. Oft kauft er zum Ask und stellt zum Bid (oder ein, zwei Ticks darüber) wieder glatt. Die Masse stellt ihre Gewinne schnell glatt, ihre Verluste aber nicht.

Schluß Der Zeitraum zu Ende einer Trading-Sitzung. Manchmal bezieht sich die Schlußspanne darauf. Sie kann manchmal sehr groß sein.

Settlement-Preis, Schlußkurs Ein Kurs, der von der Schlußspanne bestimmt wird und verwendet wird, um Gewinne und Verluste auf den Futures-Konten zu berechnen. Wie Gewinner und Verlierer ihren Kontostand ermitteln.

Shmooze Umgarnen der Floor-Broker, damit die Locals Market-Orders bekommen.

Short „Short" sein bedeutet, eine Verkaufposition zu haben.

Slippage Kursverlust zwischen Stopkurs und tatsächlicher Ausführung.

Spanne Das Hoch und Tief oder gebotene Hoch und Tief innerhalb einer bestimmten Zeit. Wird zur Berechnung vieler technischer Indikatoren verwendet.

Spekulant Jemand, der durch Kauf und Verkauf von Futures-Kontrakten versucht, Kursveränderungen zu handeln; zielt darauf ab, Gewinne zu machen; verwendet nicht den Futures-Markt in Verbindung mit Produktion, Herstellung, Vermarktung und Lagerung. Aber je mehr er über die Produktion, Herstellung usw. weiß, desto erfolgreicher wird er sein.

Tick siehe Minimale Preisbewegung.

Trader Derjenige, der Aktien, Futures, Optionen etc. handelt.

Trading Der Handel von Aktien, Futures, Optionen etc.

Turtle, Schildkröte Eine Gruppe von Tradern, die vergessen haben, ihren Namen schützen zu lassen, und andere Mitglieder mißbrauchen ihn zur Verbreitung von Seminaren. Auch, was Sie als Haustier halten.

USDA United States Department of Agriculture (das amerikanische Wirtschaftsministerium).

Zinger Ein unerwarteter Marktschock, auf den Sie vergessen haben, sich vorzubereiten. Andere Worte könnten dieses Konzept auch erklären, aber das würde dann unter „fluchen" fallen.

Über den Autor

Neal T. Weintraub ist Seminarleiter, Vermögensverwalter und Trader, mit Spezialisierung auf Marktanalyse mit verschiedenen Softwareprogrammen. Er ist Gründer des „Center for Advanced Research in Computerized Trading" und hält Seminare über Daytrading und internationales Hedging. Sein Buch *The Weintraub Day Trader* ist die Basis für die meisten Daytrading-Konzepte. Neal lehrt fundamentale Analyse, Spread-Trading und Computertrading in den Märkten der Chicago Mercantile Exchange. Die meisten seiner Kursteilnehmer sind Profis vom Floor und Karriere-orientierte Trader. Zusätzlich war Neal Mitarbeiter der Chicago Board of Trade, wo er maßgeblich an der Einführung der sehr erfolgreichen Treasury Bond-Optionen beteiligt war. Die Finanzpresse hat sein überlegenes Wissen anerkannt, das *Wall Street Journal* veröffentlichte seine Pivot Point-Technik und er wird oft in der Presse wegen seiner unorthodoxen Marktansichten zitiert. Neal hat eine gewisse Marktorientierung in das Trading gebracht, die auf seiner Erfahrung bei MTV, Panasonic, The Disney Channel und Warner Communications basiert. Neal wickelt zur Zeit seine Trades über Goldenberg and Hehmeyer an der Chicago Board of Trade ab und ist Pit-Trader (Local), wie auch ein Nicht-Floor Computer-Trader.

Für Informationen über Seminare, Software und Computerkurse, schreiben Sie an: 8815 Ewing, Evanston, Illinois 60203 oder an Neal Weintraub, c/o FinanzBuchVerlag, Candidplatz 13, 81543 München.

Crash

Panik

Kurssturz

AktienCrash
Wenn Börsinaner verrückt spielen

Ohne auf komplizierte mathematische Modelle einzugehen, untersucht **Matthias Leibner** die monetären und konjunkturellen Rahmenbedingungen, die oftmals Auslöser von Crashs waren.

aus dem Inhalt:

- Tulpenkrise 1634/1637 • Mississippischwindel 1719/1721
- Südseeschwindel 1719/1721 • Crash 1929
- Crash 1987 • Kuwaitkrise 1990 • „Gorbicrash" 1990

Anhand eines verständlichen und realitätsnahen Konjunkturmodelles vermittelt der Autor, wann man Aktien und Rentenpapiere kaufen und verkaufen sollte. Ausdrücklich werden die Gemeinsamkeiten aller bisherigen Spekulationskriesen hervorgehoben.

• Der Leser erhält hierdurch die Möglichkeit, schon frühzeitig bevorstehende Aktiencrashs zu erkennen und entsprechende Transaktionen zu tätigen.

Matthias Leibner
Aktien*Crash*
Wenn Börsianer
verrückt spielen

150 Seiten
DM 49,-

●●● ○ ○

SCHWAGER ON TECHNICAL ANALYSIS

Jack D. Schwager, gefeierter Verfasser mehrerer Bestseller, setzt erneut Maßstäbe für die kommenden Jahrzehnte:

Schwagers neues Buch ist das umfangreichste, vielseitigste und detaillierteste Werk zur Technischen Analyse seit den richtungsweisenden Arbeiten von Edwards/ Magee und Murphy. Schwager sichert sich mit diesem Buch einen Platz auf dem Olymp der Finanzanalysten.

Die neue Bibel der Technischen Analyse

- brilliant und verständlich geschrieben
- Erläuterung aller Chartverfahren und ihrer Vor- und Nachteile
- über 200 Seiten zur Anwendung von Charts in der Praxis
- Zyklusanalyse
- Indikatoren, ihr Nutzen und ihre Grenzen
- technische Analyse von Futures
- über 100 Trading-Tips
- Trading-Systeme und ihre Anwendung
- Test und Optimierung von Trading-Systemen
- 800 Seiten geballtes Wissen

Wie „A Complete Guide to the Futures Markets" und „Magier der Märkte" wird auch dieses Werk mit Gewißheit binnen Kürze zum Bestseller werden.

Jack D. Schwager:
Technische Analyse, dt.
**über 800 Seiten
DM 128,-**

US-Kritiker sprechen schon jetzt vom „Standardwerk bis weit ins kommende Jahrtausend".

RS-Global

Die Kraft der Elliott-Wellen

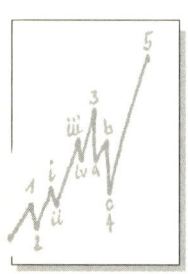

*RS Global
Die Kraft der Wellen*

jede Woche

DM 498.-/ Jahresabo
DM 278,-/ 6 Monate

*einmalige
Probeausgabe
DM 10,-*

Mehrkosten
bei Fax-Versand
DM 12,-/Monat

Die Zinsen steigen wieder.
Weltweit. Seit Jahresbeginn. Trotz niedriger Inflationszahlen, trotz abflauender Konjunktur und trotz beschwichtigender Kommentare der Notenbanken.

Die Aktienmärkte in New York, Frankfurt oder London scheint das kalt zu lassen.

Historisch betrachtet, kippten die Aktienmärkte im Durchschnitt 6 Monate nach einer vollzogenen Zinswende. Wann kippen Sie diesmal? Eine Frage, die jeden Anleger interessieren muß.

RS-Global gibt Ihnen Gewißheit.

RS-Global ist der einzige deutschsprachige Elliott-Wellen-Brief, der Ihnen Woche für Woche die aktuelle Wellenzählung gibt zu:

- Dax
- Bund-Future
- Dow Jones
- US-Bonds
- Dollar/DM
- Gold

Als Brief oder per FAX. Am Wochenende auf unserem Schreibtisch, am Montag bei Ihnen. Mit konkreten Einschätzungen, punktgenauen Stops und klaren Empfehlungen.

Orientieren Sie sich nach vorne. Sichern Sie sich einen Vorsprung. Erkennen Sie Chancen und Risiken, bevor sie Realität werden.

SCHWAGER ON FUNDAMENTAL ANALYSIS

Fundamentale Analyse - die Frage nach dem *Warum* von Kursveränderungen. Nur wer versteht, was Zinsen, Edelmetalle, Aktien und Rohstoffe tatsächlich bewegt, wird letztlich auch in der Lage sein, mit den Daten und Nachrichten von heute die Kursausschläge von morgen korrekt zu prognostizieren.

Ein Buch mit Informationen, die Sie sonst nirgends bekommen:

Erstmalig überhaupt in der Literatur enthüllt Schwager, wie man die Verfahren der Technischen Analyse auf fundamentale Daten anwendet. Lesen Sie, welche fundamentalen Daten wirklich bedeutend für die Entwicklung der Märkte sind - und welche Sie vergessen können.

... außerdem:

- die verschiedenen Methoden der fundamentalen Analyse
- die 14 Todsünden bei der Anwendung der fundamentalen Analyse
- Regressionsanalyse als Mittel der Kursprognose
- Methoden zur Kursprognose in allen heute gehandelten Futures
- schrittweiser Aufbau eines Prognosemodells
- 13 Kapitel zur Nutzung der fundamentalen Analyse in einzelnen Märkten
- Analyse saisonaler Schwankungen in 27 Märkten

Ganz gleich, ob Sie sich für Schweinebäuche, Rohöl, Zins-Futures, die Aktienmärkte oder für Devisen interessieren:

Das Fundament des Erfolgs

Jack D. Schwager:
Fundamentale Analyse, dt.
über 650 Seiten, DM 98,-

 ●

Sie werden es sich nicht leisten können, dieses Buch nicht zu lesen!

🌱 Trend Dynamics
"23 Lektionen zum Erfolg an den Märkten"

Erst Trend Dynamics – dann der Erfolg

Trend Dynamics ist das einzige, Mentor-geführte Trader-Training. „Nutzen Sie diese Chance und verkürzen Sie Ihren Lernprozeß um viele Jahre (und um viele schmerzhafte Erfahrungen). „Lernen Sie von den Erfahrensten der Branche, was sonst nur Insider wissen können, und lernen Sie das Rezept kennen, das hinter jedem Erfolg steht."

20 Jahre professionelles Trading und Jahrzehnte der Börsenerfahrung in 23 Ausgaben konzentriert.

Unzählige zufriedene Schüler sind unser bester Beweis. Zum Beispiel Robert Krausz, einer der Börsen-Überflieger, dem in Jack Schwager's Buch: „The New Market Wizards", ein Kapitel gewidmet wurde: „Trend Dynamics ist mit die beste Publikation, die je über Trading veröffentlicht wurde – und ich habe viele gelesen".

Ihre Entscheidung für Ihre *Gewinne* von Morgen:
die Ausgabe zu je DM 89,–
monatlich kündbar, ohne Risiko.

Bestellen Sie Ihre erste Ausgabe noch heute !
Finanz Buch Verlag, Candidplatz 13, 81543 München, Tel.: 089/652048, 089/652057, Fax: 089/652096
Internet: http://www.finanzverlag.com

Notizen

Notizen

Notizen

Notizen